女性9割・子育てスタッフ6割で
実現する働き方改革

働きやすさを本気で考えたら、会社の売上が5倍になりました。

有限会社COCO-LO 代表取締役
雅樂川陽子
Utagawa Yoko

同文舘出版

はじめに

私は29歳のとき、生まれ故郷の群馬県桐生市にCOCO－LO（ココロ）という会社を立ち上げました。２００５年5月のことです。

まず「訪問看護ステーションココロ」から出発し、2年後の２００７年には半日タイプのデイサービス施設「ココロデイサービス」をつくり、２００９年には1日タイプのデイサービス施設「ココロアットホーム」、２０１2年にはネイルやエステ、ヘッドスパなど美容を取り入れたデイサービス施設「ココロガーデン」、２０１4年には小規模リハビリ特化型「ココロリハビリジム」と、2～3年ごとに事業を広げ、現在は9事業所を運営、スタッフの人数は98人になりました（２０１9年6月現在）。売上は創業時に比べ、5倍超へと順調に伸びています。

スタッフの9割は女性という、完全な女性の職場です。さらにスタッフの6割には小さな子どもがいて、育児・家事と仕事を両立させています。それが当たり前のように……。

今でこそ、COCO－LOの働き方は世の中の流れに合っていると、たくさんの新聞や雑誌で取り上げられ、「どうしてこんな会社ができたのか、話を聞かせてください」と講演依頼が相次いでいます。賞をいただく機会も多く、内閣総理大臣官邸で授賞式、なんてすごい体験もしました。名だたる大企業の社長と一緒に授賞式に参加し、「私なんかが、こんな場にいていいの？」「いや、まずいでしょ」と、緊張しながら一人ボケ突っ込みを入れたりしていました。

でも、はじめから、「子育て中のスタッフがいきいき働ける会社をつくろう」なんて、狙っていたわけではないのです。今では私も一児の母ですが、COCO－LOを起業したときは、結婚はしていたものの、子どもはいなくて、子どもを持つ女性スタッフの気持ちなどみじんもわからず……。

「小さな会社で、自分の生活を大切にしながら無理のない仕事をしていこう。遊ぶことと仕事をバランスよくこなして、健康的な毎日を送れたらいいなあ」

なんて、お気楽に考えていました。でも、それは甘かった。まずは求人にとことん苦労しました。さらに、仕事の規模が大きくなり、スタッフの人数が増えるにつれ、次々と難問にぶち当たり、魂をすり減らすくらい悩んだものです。

資金繰りの問題もありましたが、その数十倍、スタッフに関する問題が多かった。彼女たちの仕事と家事・育児をどう両立させるかや、忙しさからくるコミュニケーション不足、いざこざをどう解消するかです。

何かヒントになればと、書店に並ぶビジネス書を数多く読みましたが、男性主体の職場の内容ばかりで、女性の職場について書かれた本や、私が参考にしたいと思う本には出会えませんでした。

そういったビジネスモデルが、当時はまだ確立されていなかったのでしょう。

参考になるものがなければ、自分で考えるしかありません。

「どうしたら、もっとスムーズに物事が運ぶのだろう」

「どうしたら、スタッフが気持ちよく働いてくれるのだろう」

どうしたら、どうしたらと考えていくうちに、自ずと解決の方法や施策が見えてきて、それをCOCO－LOのしくみにしていったのです。

まず、「女性職場」は、「男性職場」と同じしくみではうまく回らないのかもしれない、と考えました。女性特有の思考があるからです。

たとえば、会社より自分、出世よりプロフェッショナル志向、「すごいね」と言われるより、「ありがとう」と言われたい、という女性が私の周りには多かった。

女性は、人と比べて競争する環境をつくるのではなく、その人が主役になれるよう、自分らしさを大切にしてキラキラ輝けるよう、サポートする環境をつくると、いきいきと働いてくれるように思います。

さらに、結婚して家族ができてからは、家族も自分の一部になります。家族がまるごと満足するしくみも必要になるのです。

そんな女性のためのしくみを一つひとつカタチにしたのが、COCO－LOだったのかもしれません。

この本が、女性職場に手こずっている、働き方改革のヒントがほしい、もっと女性社員を輝かせたいと考えている管理者・経営者の方々のお役に立てば、こんなに嬉しいことはありません。

雅樂川陽子

COCO-LOの従業員数と事業所数の推移

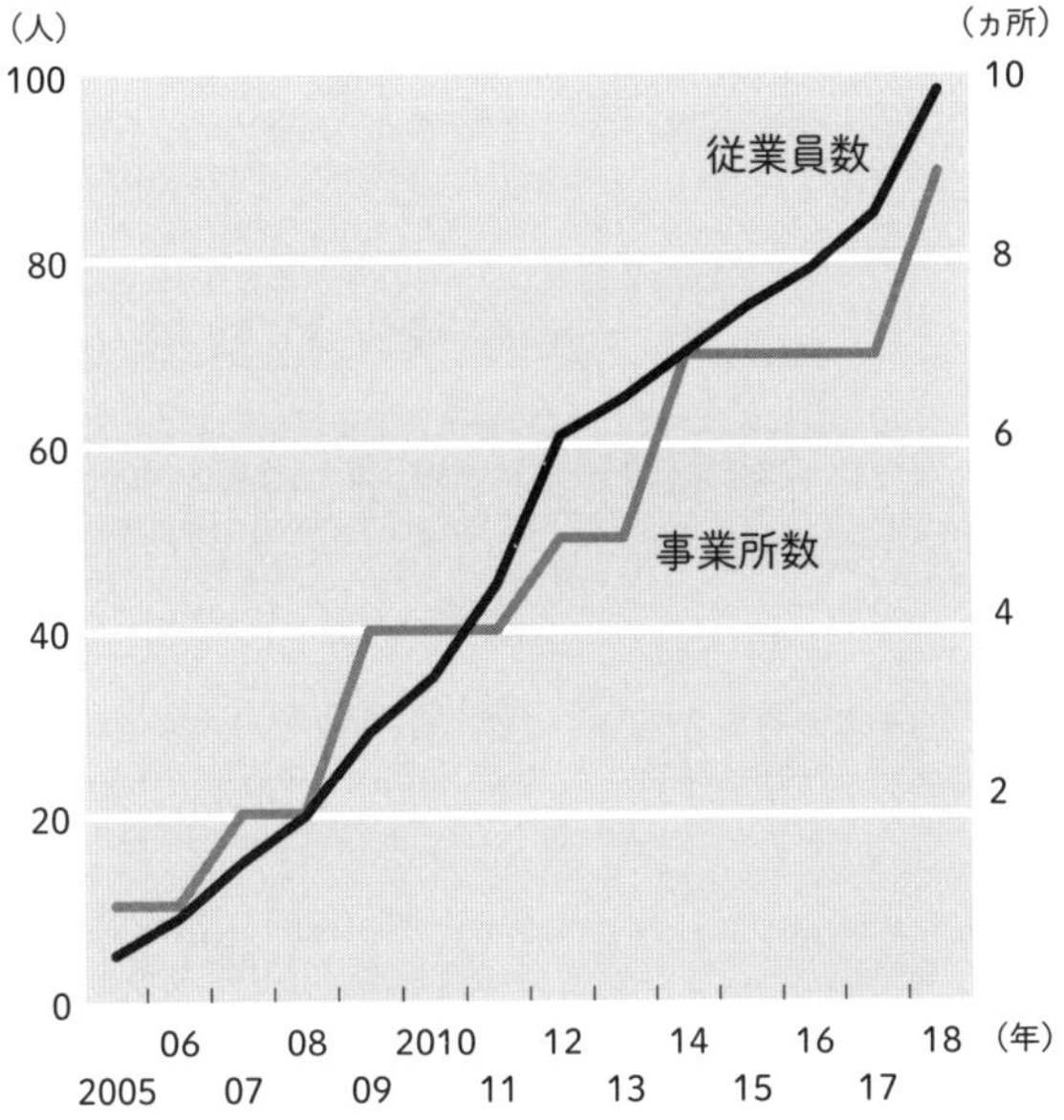

2014年3月	経済産業省「ダイバーシティ経営企業100選」選定	平成24年度に開始された「ダイバーシティ経営によって企業価値向上を果たした企業」を表彰する事業で、「優れたダイバーシティ経営企業」として選定されました。群馬県では初。
2014年9月	厚生労働省「均等・両立推進企業表彰」ファミリー・フレンドリー企業部門　厚生労働大臣優良賞	仕事と育児・介護が両立できるさまざまな制度を持ち、多様でかつ柔軟な働き方を労働者が選択できるような他の模範ともいうべき取り組みを推進し、その成果が認められる企業として受賞。同時受賞企業は大手ばかりでした。群馬県初の受賞。
2014年10月	厚生労働省「イクメン企業アワード2013」特別奨励賞	男性の育児参加を積極的に促進しつつ、業務改善を図る企業として受賞。グランプリは「花王」「医療法人社団三成会」。同じ特別奨励賞は「ソフトバンクグループ通信3社」「第一生命保険」など大手4社でした。群馬県初の受賞です。
2015年6月	内閣府「平成27年度女性のチャレンジ賞」	起業、NPO法人での活動、地域活動などにチャレンジすることで輝いている女性ということで、私が賞をいただきました。群馬県初の受賞です。
2015年10月	経済産業省「攻めのIT経営中小企業百選」選定	攻めの分野でのIT利活用に積極的に取り組む中小企業を選定。群馬県初の選定でした。
2015年12月	厚生労働省「平成27年度パートタイム労働者活躍推進企業表彰」優良賞	働きぶりの評価や適正な処遇、キャリアアップやコミュニケーション向上のための取り組みなど、他の模範となるパートタイム労働者の活躍推進に取り組んでいる企業として受賞。同時受賞企業は、やはり大手ばかり。
2016年3月	厚生労働省「プラチナくるみんマーク」取得	くるみん認定をすでに受け、相当程度両立支援の制度の導入や利用が進み、高い水準の取り組みを行なっている企業として認定を受けた証です。群馬県初。
2016年12月	厚生労働省「グッドキャリア企業アワード2016」大賞	従業員の自立的なキャリア形成支援について、他の模範となる取り組みを行なっている企業として受賞。同時受賞は「エヌ・ティ・ティ・データ」「キヤノン」「リクルート住まいカンパニー」など。
2017年1月	群馬県「いきいきGカンパニー」知事賞	育児や介護と仕事の両立、女性の活躍推進に取り組む「いきいきGカンパニー」ゴールド認証企業のうち、特に優れた企業と認められました。

女性が活躍する職場を実現　受賞一覧

COCO-LOならではのしくみがうまく回りはじめ、創業5年を経過した後は、数々の賞を受賞するようになりました。大手企業と肩を並べて、小さなCOCO－LOが受賞するのは、恐れ多い気持ちもありましたが、実績を評価してもらったわけですから、堂々と胸を張ろうと決めました。全国初、群馬県初、群馬県唯一の受賞も多く、スタッフたちの自信や励みにつながっています。

2009年2月	「群馬県育児いきいき参加企業」群馬県知事賞	群馬県で、育児休業制度の充実、利用促進を積極的に行ない、働きやすい職場環境づくりを推進している企業として、受賞しました。
2010年10月	厚生労働省「くるみんマーク」取得	「子育てサポート企業」として、厚生労働大臣の認定を受けた証です。北関東の中小企業では初の取得となりました。
2010年11月	日本生産性本部「ワーク・ライフ・バランス大賞」優秀賞	育児休業取得と職場復帰のしくみづくりで、介護人材の確保と定着を推進したことを評価していただきました。同時受賞企業は、大賞「六花亭製菓グループ」、優秀賞「シャープ」など。群馬県の企業では唯一の受賞です。
2011年9月	厚生労働省「均等・両立推進企業表彰」ファミリー・フレンドリー企業部門 群馬労働局長優良賞	地域において、仕事と育児・介護が両立できる様々な制度を持ち、多様でかつ柔軟な働き方を労働者が選択できるような、他の模範ともいうべき取り組みを推進している企業として受賞。群馬県初です。
2012年12月	内閣府「カエルの星」認定	チーム単位での働き方を変えて成果をあげた好事例として認定。全国初です。
2013年10月	厚生労働省「キャリア支援企業表彰2013」厚生労働大臣表彰	従業員のキャリア形成を積極的に支援して他の規範となる企業として受賞。同時受賞企業は、「伊藤忠商事」「大和証券」「三井住友海上火災保険」「サントリーホールディングス」など大手ばかりでした。
2013年11月	内閣府「子どもと家族・若者応援団表彰」内閣府特命担当大臣表彰	子ども・若者を育成支援する活動および子育てと子育てを担う家族を支援する活動において顕著な功績があった企業として受賞。
2013年12月	中小企業庁「がんばる中小企業・小規模事業者300社」選定	革新的な製品開発、サービスの創造や地域貢献・地域経済の活性化など、さまざまな分野で活躍している中小企業・小規模事業者・商店街の取り組み事例を選定するものです。

はじめに
女性が活躍する職場を実現　受賞一覧

Prologue
うちの会社、女性がこんなに活躍しています。

Case 1 2回の出産・育休を経て、子育てしながら資格取得しキャリアアップ 18
Case 2 昼は訪問看護、夜はバレエ講師。充実したパート勤務 22
Case 3 専業主婦から経営幹部に。今は自分らしい働き方に落ち着いています 26

Chapter

1

創業5年で気がついた女性が力を発揮できる職場の条件

1 創業間もない無名の会社に人は来ない 32

2 スタッフの〝言いなり〟から、みんなに公平な規則づくりへ 35

3 スタッフの復帰のために社内託児所をつくる 37

4 チームの危機にマインドマップで対応 40

5 スタッフと向き合う勇気を持つ 42

6 女性が9割の会社に重要な3つのこと 45

Chapter 2

みんなの働きやすさを追求したら、働き方を選べる会社になりました。

7 有休消化率は98%、育児休業は最長3年 50
8 育児に関する特別有給休暇 「参観休暇」「看護休暇」 56
9 介護に関する特別有給休暇 「介護休暇」「介護定期受診の付き添い休暇」「介護すぐとって休暇」「介護楽しんで休暇」 59
10 妊娠・出産に関する特別有給休暇 「パパ産休」 63
11 その他の制度 旅の思い出を利用者さんと共有できる「旅行手当」 66

12 その他の制度 コミュニケーションのための手当 67
13 働き方を自分で決められる勤務形態 70
14 働く時間帯も選択できる 73
15 1時間から働ける「ならし勤務」 75
16 スタッフの〝わがまま〟が組織を強くする 76

Chapter 3

限られた時間で全力を出す！ 時短・効率化のしくみ

17 残業ゼロが基本です 80
18 時間管理のしやすい手帳をオリジナルで制作 82
19 いまだに紙が多用される介護の世界 90
20 仕事を現場で終わらせるタブレット用アプリを開発 92

Chapter 4

スタッフ一人ひとりと向き合い、才能を見つける

21 トップダウンの組織からボトムアップの組織へ 102
22 星野リゾートからの大きな学び 105
23 最初は失敗ばかりだった「聞く」環境づくり 108
24 社長面談で目標設定、キャリア形成のアドバイス 110
25 みんな、他人と比較して自信をなくしている 113
26 34の才能・資質の中から自分の強みを知る 117
27 完成された人でなく、花開く可能性のある人を採用 120
28 自分の言葉で想いを伝える「社長勉強会」 123
29 「聞く」ことでスタッフの行動が変わる 127

Chapter

5

評価せずに評価する COCO-LO流・人事評価制度

30 女性は部下を評価したがらない 130

31 自分で自分を評価する「個人評価シート」 133

32 個人評価シートはスタッフを知る交換日記 140

33 がんばりをポイント化し賞与で支給 143

34 評価に「運」も含める 150

35 70以上の資格に手当を支給 153

Chapter

6

個人の学びを組織の力につなげるしくみ

36 所属部署を超えた交流をつくり出す 158
37 小冊子の作成で「社会」ともつながる 162
38 同じ課題を学ぶことで、同じ方向を向く組織になる 165
39 社内勉強会で年間200万円を削減！ 169
40 気づく力と表現する力を養う 171
41 「ヒヤリハットシート」で失敗から学ぶ 178
42 秀でた部分を伸ばす「プリセプター制度」 182
43 数字をチームづくりの味方にする 186
44 全事業所で「95％の稼働率」を目指す 188
45 「顧客満足度2・8」とは？ 192

Chapter

7

会社の〝ヒヤリハット〟にどう対応する？

ヒヤリ1 気に入らないとすぐに「辞める」と言う人に困っています。 198
ヒヤリ2 派閥ができて会社の雰囲気が悪くなりました。 200
ヒヤリ3 就業時間中のおしゃべりが止まりません。 205
ヒヤリ4 意見を求めても発言しない人がいます。 207
ヒヤリ5 スタッフに言いたいことが言えず、注意もできません。 210
おわりに

カバーデザイン、本文デザイン・DTP
高橋明香(おかっぱ製作所)

Prologue

うちの会社、
女性がこんなに
活躍しています。

Case

1

2回の出産・育休を経て、子育てしながら資格取得しキャリアアップ

二星《にぼし》美樹［ココロアットホーム管理者・2児の母］

二星は、利用者さんのご子息のお嫁さんです。利用者さんから、「うちの嫁は仕事を一度辞めて結婚して、今また働く先を探しているみたい。社会福祉主事の資格を持っているんだけど」とお聞きしたので、ぜひにと、当社への入社をお願いしました。

二星と実際に会って話してみると、「まだ、新しい土地と新しい生活に慣れていないので、正社員として働くのは自信がありません」とのこと。そこで2007年12月、パートという勤務形態で入社することになりました。

当初は、社内託児所の保育係の仕事をしていましたが、仕事ぶりはテキパキしていて、とても熱心。そういう人材をCOCO－LOでは放っておきません。

「もっと本格的に働かない？」と打診すると、本人も乗り気になったので、2008年6月、パートから正社員に勤務形態を変更。「ココロデイサービス」の相談員に配

属となりました。

新しい職場で張り切って仕事をはじめた矢先、第一子を妊娠します。

「復帰するのを待っているからね」という声に見送られて出産。1年間の育休を取って職場復帰しました。子育て中のスタッフが多い当社では、妊娠・出産は特段驚くことではないのです。みんなが「お互い様」の気持ちで、その人がいない穴を埋めようとします。しかし当時は、いない人の穴を埋めるのは大変なことでした。現場はバタバタしていて、なんとか埋まったという感じでした。

二星は復帰後、ますます仕事をがんばり出し、その5年後には第二子を妊娠・出産。同じく1年間の育休を取って、再び会社に戻ってきてくれました。幼い子ども2人を抱えながらも、復帰してくれるのは、本当にありがたいことです。

その際、私は二星に、「デイサービス施設の管理者をやってみない?」と、キャリアアップの道を提案しました。

子育ての経験を積んでいる女性は、人材育成も上手に行なえるものです。子どもを育てるのも、スタッフを育てるのも、〝愛情を持って見守ることが重要〟というポイントは同じ。COCO-LOでは、そういう意味で、子育て中の女性を重要視するのです。

二星は迷いながらも快諾し、デイサービス施設「ココロアットホーム」の管理者になりました。入社当時の二星は、若さあふれるフレッシュなタイプでしたが、2人の子どもの母となり、両親の介護も加わり、たくさんの経験を積み、人間としての器がひと回りもふた回りも大きくなりました。

今では、「ココロアットホーム」のスタッフから慕われる、頼りになる管理者です。

昨年は、仕事と2人の子どもの育児で多忙を極める中、コツコツと勉強をして、認知症ケア専門士の資格取得に挑戦しました。1次試験は筆記で、2次試験は面接と1分間ス

ある日の二星美樹の1日

6:00	起床
7:00	朝食、洗濯
7:30	小学生送り出し、保育園児準備、お弁当づくり
8:00	出勤
8:30	パパが保育園送り出し
17:30	退社
17:50	保育園迎え
18:10	学童迎え
18:30	宿題チェックと翌日準備、夕食づくり
19:15	夕食、片づけ
20:00	お風呂
21:00	寝かしつけ
22:00	自分の時間

ピーチ、そしてグループディスカッションという幅広い内容の試験です。合格率は約40〜50%という狭き門を、二星は見事に突破しました。

「ココロアットホーム」は、これまで一般の高齢者の方だけが利用できる施設でしたが、それに加え、認知症の利用者さんも受け入れられる体制が整いました。

「こうと決めたら、絶対にやり抜く」

がんばり屋の二星のお陰だと思っています。

Case

2

昼は訪問看護、夜はバレエ講師。充実したパート勤務

座間彩子［理学療法士・子どもバレエ教室講師・1児の母］

座間がCOCO－LOに入社したのは2014年3月。幼い子どもがいたため、本人の希望でパートとして勤務をスタートしました。仕事は、理学療法士の資格を活かした訪問看護でのリハビリです。

ところが1年を経過したころから顔色がすぐれなくなり、ある日、「体調が悪いし、育児と仕事の両立がつらくて。会社を辞めようかと悩んでいるんです」と相談を受けました。

その日は座間を誘い、近くのレストランで一緒に食事をしました。子どものころの話になり、なんの気なしに、「昔、何かやっていたの？」と尋ねると、「小さいころはクラシックバレエを習っていて、将来はバレリーナを目指していました。でも、それは難しそうなので、理学療法士の資格を取って、バレリーナを陰から支えたかったん

です」と座間は言うのです。

その瞬間、私は驚いて、人目も気にせず「やったー!」と叫びたくなりました。なぜなら次の事業として、「ココロリハビリジムで、子どものバレエ教室を開きたい」と考えていた、まさにそのときだったからです。

子どものころにバレエをやっていると、体中によい筋肉がつき、いくつになっても体がしなやかなまま保たれます。目の前の高齢者のお世話をするだけでなく、長い期間かけて、元気ではつらつとした高齢者をつくるのも、COCO-LOの役割ではないだろうかという想いがありました。

私は座間に、その計画を話し、講師を引き受けてほしいとお願いしました。彼女はしばらく考えたのち、「ぜひやりたいです。やらせてください」と答えてくれました。

その後、すぐにココロリハビリジムの夕方の時間帯を使い、子どもバレエ教室と、よりリズミカルな子どもヒップホップ教室を開講。お陰様で地元の子どもたちがたくさん集まってくれました。

座間は、昼は今までどおり、訪問看護の仕事、夜はバレエの講師という2つの仕事をこなしています。一時は会社を辞めたいと悩んでいた彼女ですが、大好きなバレエと再び向き合えたことで、「毎日が充実している」と言ってくれています。訪問看護の仕事も、生きがいを持って取り組むようになりました。

それほど、座間にとってバレエの存在は大きかったのです。

また、彼女は独身時代、子どものリハビリ施設で働いた経験があり、子どもの

ある日の座間彩子の1日

6:00	起床、シャワー
7:00	朝食の準備、子どもに朝食を食べさせる
7:30	子どもの送り出し
8:00	朝食、洗濯、掃除
9:00	出勤 訪問看護に出る
16:00	子どもを小学校に迎えに行く
16:30	COCO-LO リハビリジム到着
16:45	バレエの指導開始
17:45	バレエの指導終了
18:00	夕食の買い物
19:00	帰宅
19:30	夕食
20:00	風呂
21:00	夫が帰宅、夫の夕食準備、明日の用意
22:30	就寝

対応に慣れていますｏ子どものやる気スイッチを入れるコツも身につけているようで、バレエ教室の生徒たちは毎回、いきいき楽しそうに通ってきています。

座間の娘さんも幼稚園のころは、バレエ教室の生徒でした。小5になった今は、バレエ教室のあとに行なわれるヒップホップ教室に通っています。座間と一緒にココロリハビリジムに来て、座間がバレエを教えているときは、娘さんは隅のほうで学校の宿題をして、娘さんがヒップホップを習っているときは、座間が近所のスーパーで夕食の買物をして、一緒に自宅へ帰っていきます。

座間のケースのように、スタッフの「やりたい」と、会社の「やりたい」が合致した瞬間が、私は一番好きです。その事業は必ず成功するのです。

Case

3

専業主婦から会社幹部に。今は自分らしい働き方に落ち着いています

鹿木《しかぎ》和代［経営運営チーム・人事担当・2児の母］

鹿木は、私の高校時代の同級生です。仲間の間では、「見逃したテレビドラマがあれば、彼女に聞け」というのが合言葉。構成をきちんと把握したうえで、おもしろおかしく話してくれるのです。当時から、私は「彼女は、見たり聞いたりしたことを頭の中でまとめるのが得意なんだろうな」と思っていました。

鹿木は結婚してからずっと専業主婦。すぐに子どもに恵まれ、楽しそうに家事や育児をしていました。ところが2人目の子どもを出産したとき、お祝いを持って彼女の自宅を訪ねたところ、何やら表情が暗いのです。家の中も、几帳面な鹿木が管理しているとは思えないほど乱雑。

「大丈夫だろうか。もしかすると幼い子ども2人と向き合う生活に疲れたのでは」と心配に思いました。

２００７年、ＣＯＣＯ－ＬＯではじめて、事務員を雇用することになりました。スタッフの人数が増えたため、総務関連の仕事が必要になったのです。そのとき頭に浮かんだのが、鹿木でした。当時、まだ会社の体制はしっかりと整っておらず、事務の仕事といっても手探りです。マニュアルもありません。でも鹿木なら、やるべきことを自分で見つけ、自分なりの手順で仕事をこなしてくれるだろうと考えたのです。

さっそく打診したところ、「未就園の娘を社内託児所で預かってくれるなら喜んで」とのこと。

スタートはパートでした。その2年後、総務部が発足すると同時に、正社員になりました。仕事量が増え、パート勤務ではこなせないと、会社も本人も判断したのです。

正社員になるにあたり、鹿木は幼い２人の子どものことが一番の気がかりだったようです。当時、正社員の就業時間は8時30分から17時30分と一律でした。

「小学校や幼稚園から帰宅する子どもたちをなるべく1人にしたくない。正社員の勤務時間を8時から17時にしてくれるのであれば、正社員になりたい」

鹿木はそんな希望を出してきました。彼女ほど臨機応変に仕事をこなす事務スタッフはそうそう見つかりません。また、私にとっては昔なじみの友達。何でも相談でき、何でも受け止めてくれる大切なスタッフです。

　そこで、正社員の就業時間を、始業が8時〜9時の間、終業が17時〜18時の間で8時間を選択できるよう、就業規則を変えました。

　それからの鹿木は、仕事のおもしろさにのめり込んでいく様子が、はたから見てもはっきりわかりました。総務の仕事は幅が広いのですが、人事から広報、社長秘書まで、手際よくこなしていくのです。

　そのかたわら、社会保険労務士の資格取得の勉強をはじめたり、衛生管理者2級の資格を取ったり、実にパワフル。C

ある日の鹿木和代の1日

6:00	起床、コーヒータイム	18:00	夕食づくり
6:20	朝ごはん、お弁当づくり	18:45	夕食
6:45	娘を起こす	19:15	娘の習い事送り
7:00	出勤準備	19:30	夕食片づけ、洗濯物たたみ
7:15	娘の送り出し	20:50	入浴
7:30	息子を起こし、支度	22:00	娘の習い事迎え
8:00	出勤	22:15	洗濯物干し
17:00	退社、買い物	22:30	子ども達と話し、自分時間
		23:30	就寝

ＣＯＣＯ－ＬＯで力を入れている、手帳を使ったスケジュール管理の方法もいち早くマスターし、「子どもにも覚えさせているのよ」なんて、茶目っ気たっぷり話してくれたものです。

２０１４年には総務部長、２０１６年にはＣＯＣＯ－ＬＯの幹部であるマネージャーへと、トントン拍子に出世していきました。

ところがマネージャーになったころから、ミスが増え、彼女の顔色がすぐれなくなったのです。会社の幹部としてスタッフの上に立つプレッシャーに耐えられなくなったのでしょう。

社長面談のときに「疲れました」とひと言。２０１９年、鹿木はマネージャーを辞め、新しく立ち上がった経営運営チームの人事担当になりました。それと同時に戻ってきた彼女の笑顔。そして鹿木は再び、優しく温かいオーラでスタッフを包み込みはじめたのです。

「幹部役員は誰でもやれるけれど、こんな風にスタッフをまとめられるのは鹿木だけだ」と私は思っています。人はみな違う。だからこそ、その人が最高に力を発揮できるキャリアスタイルを見つけるお手伝いをしたいのです。

Chapter

1

創業5年で気がついた女性が力を発揮できる職場の条件

何事もはじめからうまくいくわけはありません。
COCO-LOも創業から5年間は
つまずきの連続でした。
しかし、そのつまずきが
今の制度へとつながっているのです。
私にとって貴重な5年間を振り返ります。

Section

1

創業間もない無名の会社に人は来ない

今でこそ、会社は順調に回っていますが、創業からの5年間は波乱の連続でした。求人に手こずり、スタッフ間のいざこざに頭を悩ませ、社内のコミュニケーション不足にいら立ち、なんとかしなければ、とあがき続けた日々でした。その中からさまざまなしくみが生まれてきたので、それも私にとっては必要な試練だったのかもしれません。

当時を振り返ってみたいと思います。

私は作業療法士で、病院や会社に勤務し、訪問看護の仕事をしていました。

2005年、29歳で独立し、COCO－LOを立ち上げました。会社の業務は訪問看護ステーションの運営です。当初、一番苦労したのが求人。会社がほしいのは看護師という資格者です。でも、起業間もない無名の会社に人は集まらず、常に人材不足でした。

お客様から訪問看護の依頼が来ても、看護師が足りなくてお断りしなければならない事態が続出しました。そんな危機的状況を打破するために考えたのが、**子育てのために仕事から離れている看護師を雇用する**こと。

看護師はいろいろな病院や施設から求められているため、世間には条件のいい求人がたくさんあります。**そことの違いを打ち出さなければいけません。**子育て中の看護師が働きやすい環境についていろいろ調べた結果、

「子どもが保育所や幼稚園に行っている間だけ働ける」

「土日祝日は完全に休みがとれる」

「子どもの急な病気や園の行事のときにはお互い様で気軽に休める」

この3点を実現している求人はまずありませんでした。そこで、これを当社の制度にすることにしました。

その効果は大きく、ハローワークに登録すると、問い合わせの電話がかかってくるようになり、子育て中の看護師の応募者が現われはじめたのです。当時は、応募があれば全員採用していました。

「こちらの勤務条件はこうです」などと示すことはなく、逆に、**「どうやって働きたいですか？　何時から何時まで働けますか？」と聞いて、その人に合わせて雇用**していました。

看護師不足が一段落したと思いきや、新たな問題が持ち上がりました。それは、「看護師たちの不安感」。当時は介護保険制度がはじまったばかりで、看護師からすれば、訪問看護という職場環境は慣れないことだらけ。

病院ではない場所で働く。医師が側にいない。すべて1人で対処しなければいけない。さまざまなプレッシャーが彼女たちに降りかかってきたのです。

そこで、月曜日の午前中をミーティング時間として、勉強会やカンファレンスのために使うことにしました。問題や不安要素を一つひとつ話し合い、みんなでどうするか決めていきました。

Section

2

スタッフの〝言いなり〟から、みんなに公平な規則づくりへ

起業当時のスタッフは全員が家庭第一で、仕事は家庭の次であり、家庭の邪魔にならない程度に仕事をしようと決めている人ばかり。働きたいと言って面接に来る人も、ほとんどが、

「子どもが熱を出したら休ませてもらえますか？」

「子どもの保育園や学校の行事があるときにはお休みが取れますか？」

と確認します。子どものことで仕事を休めない環境は恐怖なのです。母親が仕事をすることで家族に迷惑をかけたくないのでしょう。

そこで、その気持ちを尊重し、会社としてできるだけ支援をして、スタッフに安心して働いてもらおうと考えました。

と書くとカッコいいけれど、当時の私は完全にスタッフの〝言いなり〟でした。

朝、夕に会社に寄るのは無駄な時間だというスタッフの声を受け、「**直行直帰制度**」を設け、個人の携帯で仕事の連絡をしたくないという声があがれば、「**携帯電話貸与**」を開始。それまでは白衣を制服としていたけれど、「白衣では仕事帰りにスーパーに買い物に行けない」と言われ、「**ポロシャツの制服支給**」をスタート。

そうした制度を設けたことは、結果的にはよかったのですが、求人難のために、「どうしたら辞めずに働き続けてくれるだろう」とそればかり考えて、スタッフに媚びていたのだと気づきます。

スタッフによかれという視点だけでなく、会社を守るという視点も経営者には必要だと痛感しました。

また、女性はすぐに「えこひいき」という言葉を使いたがります。

「Aさんの希望は叶えたのに、私の希望は退けられた。社長はAさんをえこひいきしている」

そんな声が上がりはじめ、それが火種になって、職場がギクシャクすることも。

スタッフが10人を超えた2006年から、「**就業規則**」の作成に取りかかりました。

スタッフを守るため、会社を守るため、そして誰に対しても公平な規則をしっかり定めようと思ったのです。

大企業で働く友人に会社の制度について教えてもらったり、社会保険労務士に調べてもらって、子育てをしながら働くスタッフが多いＣＯＣＯ－ＬＯで必要となるオリジナルな制度を一つひとつつくっていきました。

就業規則は一度つくればそれでおしまいというものではありません。働く人の環境が変われば制度も変える必要があります。そこで、就業規則は２年ごとに見直しをすることに決めました。

Section

3 スタッフの復帰のために社内託児所をつくる

そんな中、創業時からのスタッフで、友人でもあるＦが妊娠。彼女は理学療法士というリハビリの資格を持つスタッフで、看護師と同様、求人が大変で、創業間もない会社に来てくれる有資格者はなかなか見つかりません。Fの妊娠がわかったときは友人として嬉しく思う反面、経営者としては不安しかありませんでした。

Fが育児休暇を取得している間も不安でたまらず、「復帰してくれるよね？」と、彼女の自宅まで聞きに行ったりしました。

すると、「社内に託児所があれば、絶対に復帰するよ」という答えでした。

同時期に、利用者さんからは、「訪問看護だけでなく、リハビリのできるデイサービスをはじめてほしい」という要望が数多く寄せられていました。デイサービスを行なうためには専用の施設が必要です。

利用者さんのために、また、Fやこれから妊娠・出産を迎えるスタッフたちのために、デイサービス施設を建設してその一角に託児所を設置することを決意しました。

ところが、託児所設立のための助成金は大企業向けのものしかなく、助成金の申請を受けつけている財団に掛け合ってもまったく取り合ってもらえません。

「小さな企業こそ、人集めに苦労しているのだから、補助してほしいのに。世間は小さな企業には冷たいものなのだな」と感じながらも、それなら**社外に頼らず、自分の力で**どうにか立ち上げて成果を出してやろうと逆にファイトが湧きました。はじめて銀行から数千万円という融資を受けた日のことは忘れられません。

２００７年11月、デイサービスの専用施設「ココロデイサービス」が完成。社内託児所の保育士は、子育て中で働いていなかった友人にお願いしました。

託児代は無料で、昼食は各家庭で用意してもらう決まりに。給食センターなどに依頼することも検討したのですが、「せっかく託児所を利用するのだから、我が子のためにお弁当をつくり、ときには我が子と一緒にお昼を食べる時間を持つこともいいだろう」と考えました。

託児所の利用希望者は、妊娠と同時に予約し、順番を確保します。のちに私も利用しましたが、子どもと一緒に出勤するのは楽ですし、子どもの成長を見逃さずにすみます。また、何となく湧き上がる〝子育てに専念していない親〟という罪悪感が和らぎました。

Section

4

チームの危機にマインドマップで対応

訪問看護に、デイサービスの運営が加わったことで、COCO－LOは忙しさのピークに突入します。私はと言えば、毎日、作業療法士として訪問看護の仕事をしていたので、デイサービスの現場の様子を明確に把握していませんでした。

会社に不在なことが多く、スタッフのフルネームすらわからない状況。それぞれにお任せで、みんなうまくやっておいてね、という感じでした。

スタッフは20人以上になり、退職する人、入社する人の出入りが多く、落ち着かない日々を過ごしていました。心の中では退職者が増えることに対して、どうしようと不安で仕方がないのですが、どうにも対処ができません。どうすればいいのか、わからなかったのです。

当然、チームはうまく機能せず、スタッフの心の中に不満が渦巻きはじめます。派閥ができ、いがみ合い、口を開けば愚痴ばかり。

それは業務にも現われ、送迎のミス、利用者さんとの約束を忘れる、言葉使いが悪く、利用者さんやそのご家族を怒らせてしまうなど、クレームが多かった。夕方はその処理をする日が続きました。

スタッフもそうですが、私もヘトヘトに疲れ切っていました。

「なんのために会社を起こしたのだろう」

迷ったときは、マインドマップを書きました。起業時に『ザ・マインドマップ』（ダイヤモンド社）という本と出会い、こんな手法があるんだと衝撃を受けました。それ以来、**自分の心を整理したいときにはマインドマップを書く**のが習慣になっています。

そしてわかったことは、

「私が目指すCOCO－LOは、スタッフ全員で同じ目標に向かい、利用者さんからは喜ばれ、やりがいと笑顔があふれる会社なのだ」

ということ。でも、実際はまったく違っていたのです。

スタッフの気持ちをひとつにしたいという想いで、２００８年から毎年、キャリアアップ研修をはじめました。外部講師に依頼し、講義のほか、グループディスカッションも行ないます。時間はかかっても、**学ぶことが大切**。みんなで**少しずつ成長**していこうと考えました。

全スタッフに手帳を配布し、時間管理に関する研修もスタートしました。彼女たちの忙しさを解消するためには、時間を効率よく使うことが大切なのだと伝えたかったのです。

とはいえ、一朝一夕で問題は解決しません。

「休憩が取りにくい」「送迎の人手が足らない」「急な休みが取りにくい」と働き方に関するさまざまな不満を言ってくるスタッフたちに、どう対応していいかわからず、一つひとつ説明することしかできない自分が、とにかく情けなかったです。

Section

5 スタッフと向き合う勇気を持つ

そんな中、利用者さんから「半日ではなく1日のデイサービスに通いたいので、COCO－LOでつくってほしい」と言われ、「ココロアットホーム」の開設準備をはじめます。

開設を数日後に控え、私の妊娠が判明。それまで三度の流産を繰り返していたことから、妊娠がわかると同時に医師の指示で入院しました。

いろんなことが急ストップです。毎日の服薬と二度の注射を自分でしながらの生活だったため、行動範囲が狭まり、できないことが増えました。

でも、COCO－LOという組織について、スタッフについて、気持ちのよいサービスの提供について、じっくり考えることができました。

そして気づいたのです。私はこれまで、**スタッフをひとくくりの団体のように考えていました。だから、スタッフが怖かった。**忙しさに紛れて、なるべく近づかないように、なるべく話をしないようにしてきたのです。でも、それではコミュニケーションを図ることなど到底無理。スタッフ一人ひとりと向き合い、一人ひとりを大切にすることからはじめなければいけないのだとわかりました。

業務においては、**私がいなくても回る組織をつくることが何よりも重要なのだ**と気づきました。振り返ると、スタッフから「これどうしたらいいですか?」と聞かれれば、必ず、細かく指示を出していました。それはスタッフの考える力を奪うことにつながっていたのです。

退院後はすぐに、**ボトムアップの組織変更についての勉強会**を開き、自分がいなくても会社が回るように**経営計画書を作成**しました。経営計画書とは、会社の理念、目標、ほかにも休暇に関する内容、勉強会、資格取得支援に関する内容を定めたものです。どうつくればいいのかわかりませんでしたが、会社の方針や目標をまとめ、「わからなくなったらこれを確認してほしい」とスタッフたちにお願いしました。そして出産、育児休暇に入ったのです。

私が不在の間、会社ではスタッフが積極的に動いてくれました。この年の決算は赤字を覚悟していましたが、創業から続く増収をストップさせることなく乗り切ってくれました。後から聞くと、「社長がいないから、自分たちが必死になってがんばった」と言うのです。

口を出し過ぎると、スタッフは成長する必要がなくなるが、任せると本来持っている才能を発揮する。これは大きな学びになりました。

波乱続きの創業から5年間。つらい思いも痛い思いもたくさん体験しましたが、それ以上の学びや気づきがありました。それをもとに、さまざまなしくみをつくり続け、今日のCOCO－LOに至っているのです。

Section

6

女性が9割の会社に重要な3つのこと

冒頭で、女性職場と男性職場は根本的に違うというお話をしました。では、女性職場にとって重要なこととはなんでしょうか。

たくさんありますが、私がいつも心にとめているのは次の3つです。

1 働く人に選択権をゆだねる

女性は押しつけられることが嫌いです。そのため、当社では**勤務形態やキャリアなど、スタッフが自由に選べる制度**を採用しています。

多くの女性にとって、出世はそれほど魅力的なものではありません。男性をターゲットにした経営書には「出世意欲をかりたてるような目標を明確にしてあげることが大切」などと書かれていますが、当社のスタッフで子育てと仕事を両立している女性に関しては、出世して、責任ある仕事に就きたい、と考える人は少ないように感じます。出世が仕事への意欲につながりにくいのです。それよりも女性は、**自分や家族が幸せになる働き方をしたい**と考えます。人の幸せのとらえ方はそれぞれ。そのため、働く人が選択権を持てる職場にしておくことが重要なのです。

2 その人らしく輝ける環境づくり

女性は仕事を通して、いきいきと輝きたいと思っているように感じます。そのためには、まず**自分を客観的に知る**ことが大切になります。そして、**得意な分野や向いている分野を伸ばしていく**のです。

当社ではスタッフ全員に、「ストレングスファインダー」（4章参照）を使って自分の強みを見つける作業をしてもらいます。そして定期的に行なう社長面談や管理者面談で、彼女たちの得意なことを業務に活かす道筋づくりのお手伝いをするのです。

人がいきいきと輝くのを阻止するのは、ひがみやねたみという負のエネルギー。

「○○さんはうまいことやっている」「ズルい」

そんな気持ちを持たせないよう、「お互い様」の風土を社内に根づかせる努力も欠かせません。

3 離職ゼロを目指さない

創業当時は、苦労して獲得したスタッフに辞めてほしくないという想いから、社長でありながら、スタッフの顔色をうかがい、媚びへつらうような言動が多かったように思います。スタッフの要求を叶えれば、それで会社にとどまってくれるだろうと。

でも、あるときから、

「会社をこうしたい、という理想を貫かなければ、私が社長をする意味がない」

と思いはじめたのです。

スタッフのことは大切ですが、会社も大切。会社の方針に合わない人が辞めていくのは、やむを得ません。つまり、離職ゼロを目指さなくなったのです。

「女心と秋の空」という言葉があります。家庭の事情もありますし、女性の気持ちは変わりやすいのです。そのため、**全スタッフの10％までの離職は想定内**としています。しかし、「かつてCOCO－LOで働いていた」ということが、その人の信用につながり、その人の転職に有利になるよう、会社のブランド力アップは欠かさず行なっていきたいと思っています。

それとは別に、当社の場合、常にスタッフの誰かが産休や育休を取っています。平均すると全スタッフの10％くらいが不在という状況です。そこで当社では、**スタッフの10％がいなくても、会社が回るような体制**を整えています。

Chapter

2

みんなの働きやすさを追求したら、働き方を選べる会社になりました。

参観休暇、看護休暇、パパ産休、
介護楽しんで休暇など、
COCO-LOには女性スタッフの声から生まれた
有給休暇がたくさんあります。
勤務形態も自由に選択可能です。
そんな制度の数々を紹介しましょう。

Section

7

有休消化率は98%、育児休業は最長3年

どんな職場が働きやすいか、そう考えたときに一番はじめに頭に浮かぶのが、「休みたいときに休める」「働く時間を選べる」という2つのポイントではないでしょうか。つまり**「休暇」**と**「勤務形態」**ということになります。特に子育てと仕事を両立させようとしているスタッフにとって、この2点は重要課題です。

まず、COCO－LOの休暇制度についてお話しします。

当社では創業当時から、年次有給休暇取得の促進に力を入れてきました。しっかり休んで、しっかり働く。オフがあるからオンがあるのです。そして2017年度の年次有給休暇消化率は98%にまで上昇しました。

法令では1年と決められている（保育園等の預かり先が決まらないといった例外を除く）育児休業も、当社では子どもが満3歳になるまでと、たっぷり設けています。

せっかく赤ちゃんを授かったのですから、思い切り子どもと触れ合う時間を楽しんでほしいですし、のちのち、「あのとき、子どもの成長を見逃してしまった」と後悔してほしくないのです。

さらに、当社独自のさまざまな特別有給休暇制度を設けています。なぜこうした制度設置に力を入れたのか、その理由は2つあります。

ひとつは、「子どもの病気や学校行事などで、有給休暇は使い終わってしまう。これでは足りない」という声がスタッフからあがったためです。

2つめは、仕事の集中度を高めるため。

介護は人間相手の仕事で、常に緊張感とプレッシャーがついて回ります。業務中は集中して取り組まないと、最悪、利用者さんを転倒させたり、ケガをさせたりする事態が発生します。プライベートで何かあり、それに心を奪われて仕事が上の空という状況は生産性が悪いだけでなく、危険も伴うのです。

それならば、大切な家族に何かあったときは、仕事を躊躇なく休める特別有給休暇制度をつくり、落ち着くまでそちらに全力投球してもらおうと考えました。

さまざまな特別有給休暇を設けていった結果、会社の雰囲気が変わっていきました。まず、お互い様の風土が生まれました。

「自分も大変なときに休んだのだから、他のスタッフが休んだときには、その分がんばろう」と思うのです。当然、社内のコミュニケーションがよくなります。

また、スタッフからは**「休暇をとった後は、利用者さんに優しく接することができる」**という声もよく聞きます。

特別有給休暇制度は、一度つくったらそのまま自動的に継続するわけではなく、**1年に一度見直し**て、必要なものだけを残し、取得者が少ないもの、スタッフから使わないとの声があったものは排除していきます。また、日数や取得できる対象、条件を変えるなどのニュアンスチェンジも行ないます。つまり今現在、働いている人に見合った特別有給休暇制度を常に整えているのです。

今までつくった休暇制度の中で、「成功しているもの＝よく利用されているもの」はスタッフサイドから言い出したもの。逆に「失敗したもの＝利用されないもの」は経営サイド（つまり私）から提案したものが多いという傾向があります。

失敗例もあります

特別有給休暇制度の失敗例のひとつは、「旅行休暇」（1年間で2日間）。私が旅行好きのため、スタッフにも旅行を楽しんでもらおうと設置したものです。年次有給休暇にプラスすれば海外旅行にも行けます。しかし、「家族と休みが合わない」という理由で利用者がほとんどなく、2年後に廃止。

２０１８年には、「夏休み」（5月～10月末までの連続する2日間）をつくったのですが、こちらは管理者から「シフト調整が大変」と悲鳴が上がりました。スタッフの多くが、子どもの学校が休みの時期、7月下旬から8月に取得したいと希望したためです。みんなの休みが集中しないよう第三希望まで出してもらったのですが、シフト調整は難解なパズルのごとく、調整が完了するまでに約1ヵ月かかりました。「こんな状態を毎年続けたら、仕事にならない」ということで、1年で廃止となったのです。

こうした失敗例もありますが、成功し、スタッフに喜ばれている特別有給休暇制度も数多くあります。いくつかの例を紹介しましょう。

妊娠・出産に関する特別有給休暇

パパ産休

対象　男性スタッフ

条件

①配偶者が産前6週間、産後8週間の期間内

②配偶者の出産に伴う入退院の付き添い、入院中の世話など。または同時に養育する小学校就学前の子どもの面倒をみる場合

内容　1年間で5日間

その他の制度

旅行手当

対象　全スタッフ

内容　旅行から帰ってきたあと、A4の紙1枚に写真、絵、文章など、好きなスタイルで旅の様子を伝えて会社に提出すると、国内旅行なら1万円、海外旅行なら3万円を支給

事業所交流会

対象　全スタッフ

内容　事業所ごとに夜の食事会を開いた場合、会社が費用の一部を負担する。1人2,000円まで

メンバー交流会

対象　全スタッフ

内容　メンバーが3人以上集まる場合、一律2,000円を支給（1人あたり年1回有効）

サークル活動

対象　全スタッフ

条件　活動したことをクラウドの情報共有スペースにアップすると、1ヵ月に上限5,000円まで支給

育児に関する特別有給休暇

参観休暇

対象 高校卒業前の子どもを持つ全スタッフ

条件 子どもの学校行事（保育参観、授業参観、三者面談など）に参加するため

内容 子ども１人につき１年間で３時間

看護休暇

対象 中学校就学前の子どもを持つ正社員、短時間正社員、準社員

条件 負傷または疾病にかかった子の受診や、予防接種・健康診断を受けさせるため

内容 １年間で３日間

介護に関する特別有給休暇

介護休暇

対象 正社員・短時間正社員・準社員

条件 常時介護を必要とする家族を介護する場合

内容 １年間で３日間

介護定期受診の付き添い休暇

対象 入社１年以上の全スタッフ

条件 常時介護を必要とする家族の定期受診に付き添いをする場合

内容 １年間で３日間

介護すぐ取って休暇

対象 入社１年以上の全スタッフ

条件 家族が病気やケガなどで緊急で入院することになり、入院の手続きや世話をする場合

内容 １年間で５日間

介護楽しんで休暇

対象 入社１年以上の全スタッフ

条件 常時介護を必要とする状態の家族が同居している場合

内容 １年間で３日間

Section

8

育児に関する特別有給休暇

「参観休暇」「看護休暇」

参観休暇

対象 高校卒業前の子どもを持つ全スタッフ
条件 子どもの学校行事（保育参観、授業参観、三者面談など）に参加するため
内容 子ども1人につき1年間で3時間

スタッフに「どんな休暇がほしいか」とアンケート調査をした結果、一番多かったのが、「授業参観や保育参観のときに休みたい」という声でした。そこで1年間で6時間取得できる参観休暇をつくりました。授業参観は園や学校に行って、参観して、帰ってきて、長くて2時間程度。そのため時間単位で取得可能としました。

ところが、「子どもが1人のスタッフと3人のスタッフで同じ時間数というのはお

かしい」との声が社内からあがり、制度を変更。子ども1人あたり1年間で3時間という今のスタイルに定着したのです。

「もっと増やしてほしい」という意見も毎年出ますが、増やさないようにしています。会社として、できることをカタチにしているので、この休暇に関してはこれが上限であると思っています。それは、子育てしていないスタッフへの配慮でもあります。創業時に比べて、昨今は、子育てしていないスタッフが増えているため、子どもに関する休みを増やすことで、彼女たちの負担が増すのは避けなければいけません。

スタッフの中には年次有給休暇を使いきれない人もいるので、特別有給休暇と年次有給休暇を組み合わせて取得することを勧めています。

「子育て中でない人への配慮も忘れないでほしい」

「自分にとって必要な休暇が、他の人にとっても必要なのか考えてほしい」

「休暇を取得するときには他のスタッフに感謝してほしい」

くれぐれも自分の都合ばかりにならないよう、折に触れてそう伝えています。

看護休暇

対象 **中学校就学前の子どもを持つ正社員・短時間正社員・準社員**

条件 **負傷または疾病にかかった子の受診や、予防接種・健康診断を受けさせるため**

内容 **1年間で3日間**

子育て中のスタッフが入社すると、3ヵ月くらいの間に、その子どもが熱を出すというケースが続いた時期があります。

「なぜだろう」と考えた結果、入社したばかりのスタッフは新しい環境に慣れようと必死になるため、子どもの変化に気づかない、親の緊張が子どもに伝わる、といったことが原因ではないかと思ったのです。

ふと、自分の幼少期を思い出しました。フルタイムで働いていた母は、私が体調不良でも仕事を休むことができず、子ども心に寂しい思いをしていました。

「子どもが具合の悪いときは、会社を休んで子どもと一緒にいる時間をつくってほしい」と願い、**「看護休暇」**という特別有給休暇を制度化しました。

不思議なことにこの制度をつくってからは、入社直後のスタッフの子どもが体調を崩すケースが減りました。おそらく、これまでは「就職したら休めない」という親のプレッシャーが子どもに伝わっていたのだと思います。休んでも大丈夫だと安心することで、親子共にプレッシャーから解放されたのかもしれません。

Section 9

介護に関する特別有給休暇

「介護休暇」「介護定期受診の付き添い休暇」「介護すぐとって休暇」「介護楽しんで休暇」

介護休暇

対象 正社員・短時間正社員・準社員

条件 常時介護を必要とする家族を介護する場合

内容 1年間で3日間

介護定期受診の付き添い休暇

対象 入社1年以上の全スタッフ

条件 常時介護を必要とする家族の定期受診に付き添いをする場合

内容 1年間で3日間

介護すぐ取って休暇

対象 入社1年以上の全スタッフ

条件 家族が病気やケガなどで緊急で入院することになり、入院の手続きや世話をする場合

内容 1年間で5日間

介護のプロである私たちは、実の家族が要介護となったときも主となって動くことが多いです。

小さな子どもがいるスタッフのKがある日突然、家族の介護を担うことになりました。そのとき、会社には彼女を支えるための十分な制度が整っていませんでした。管

理者から、「Kさんは育児と介護と仕事を両立できるか不安で、仕事を辞めるかもしれない」と聞き、急いで介護の制度について見直しをしました。

まず、**「介護休暇」**という特別有給休暇をつくり、介護期間をサポートするための休みを設けました。

さらに、家族の通院に付き添うための**「介護定期受診の付き添い休暇」**を制度化。公共交通機関の便が悪い群馬県では、車が主な移動手段のため、家族に病人が出れば、誰かが運転して病院へ送り届けなければならないためです。

ほかに、家族が突然入院し、介護が必要になるかもしれないときに備えて、**「介護すぐ取って休暇」**もつくりました。非常事態に遭遇し、ハラハラしながら仕事に来るよりも、5日間休んで状況を把握し、今後について考える時間を持とうという主旨です。

当社では、同居・別居を問わず二親等までの家系図を提出してもらうことがあります。そして自分が主として介護をするであろう家族にマル印をつけておいてもらいます。その該当者の介護が必要となったときに、前記の3つの休暇制度を使えるのです。

介護楽しんで休暇

対象 **入社1年以上の全スタッフ**
条件 **常時介護を必要とする状態の家族が同居している場合**
内容 **1年間で3日間**

介護をしていると、どうしても気が滅入ることがあります。そうしたときに思い切って休暇をとって、自分の時間をつくってほしいという制度です。

この制度は、「仕事と介護との両立」という言葉が社会に出る前からはじまりました。COCO－LOでは、自分たちの置かれている環境に合わせて制度を整えているので、社内制度がその後、法制度に変わっていくことがたびたびあります。起きている目の前で問題を解決していくところが、なんともCOCO－LOらしいなと思っています。

昨今は、スタッフとの会話の中で、「親の介護をどうしようか」という話がよく出ます。創業時からいるスタッフの年齢が上がり、介護に直面する年齢になってきたため、介護に関する制度をより一層整えていく必要性を感じています。**スタッフの声**

をよく聞き、必要なものを必要なときに制度化していこうと思っています。

Section

10

妊娠・出産に関する特別有給休暇

「パパ産休」

パパ産休

対象 男性スタッフ

条件 ①配偶者が産前6週間、産後8週間の期間内

②配偶者の出産に伴う入退院の付き添い、入院中の世話など。または同時に養育する小学校就学前の子どもの面倒をみる場合

内容 1年間で5日間

当社は男性の育休取得率は100％ですが、生まれたばかりの赤ちゃんがいる環境は、母親にとっても父親にとっても戸惑いがいっぱいです。**「パパ産休」**を取得してもらい、その慣れない環境に向き合ってこれからの仕事や家庭への時間の使い方を考えてもらえればと思い、**男性が取得できる休暇制度**を制定しました。

ある男性スタッフ（1児の父で、奥様が下の子を出産間近）に、「奥様が入院中、上のお子さんの世話はどうするの？」と聞いたところ、「おじいちゃん、おばあちゃんに来てもらおうと思っています」という答えでした。

「それよりも、お父さん自身が面倒をみたらいいんじゃないの？」

そんな会話を経て、条件②をつけ足しました。

子育て中の女性スタッフの多くが口にするのが、夫の家事・育児参加に関する不満です。

「夫が協力してくれないから、自分ばかりが大変な思いをしている」

「不満が募って子どもを必要以上に怒ってしまい、自己反省する自分が嫌になる」

などなど。

ましてや、子どもが生まれたばかりの家庭では、夫婦間のバランスを取るのは難しいものです。夫も妻も互いに歩み寄る必要があるのですが、慣れない環境でつい、自分のことしか見えなくなってしまうのでしょう。私自身も経験しているからよくわかります。

だからと言って、スタッフの自宅に行って、「夫婦の役割を考えてみたら」とか、「お互いに感謝の気持ちを持ちましょうよ」などという提案はできません。会社としてできることは、「パパ産休を取って、出産のときから奥様や子どもと向き合う時間をつくり、互いに思いやりを持って生活しましょう」と応援することぐらいです。

パパとして、出産後、体の自由が効かない奥様のお世話をしたり、生まれたての子どものかわいらしさを目で見て感じていく時間があるのもいいのかなと思います。

Section

11

その他の制度

旅の思い出を利用者さんと共有できる「旅行手当」

日常生活から離れ、違う土地へ出かけると新たな発見や学びがありますし、心がリフレッシュします。**スタッフにはできる限り、旅行に出かけてもらいたい**、それを会社が応援しようと2016年から、旅行手当を制定しました。旅行から帰ってきたあと、A4の紙1枚に写真、絵、文章など、好きなスタイルで旅の様子を伝えて会社に提出すれば、1万円を支給するという内容です。

この旅行の手記を見て、「私も行ってみたい」と多くのスタッフが計画を立てるようになったら嬉しいですし、利用者さんとの会話のきっかけにもなります。

2018年には少しカタチを変えて、国内の場合1万円、海外の場合3万円としました。同年に支給した数は国内6件、海外5件でした。まだまだ少ないので、どうしたら件数が増えるのか、考えている最中です。よく活用するスタッフとまったく眼中にないスタッフとに分かれてしまうのです。

スタッフのSは毎年、旅行手当をフル活用し、国内や海外を旅しています。彼女は利用者さんに見てもらうため、旅先でたくさんの写真を撮ってきます。２０１８年９月には台湾へ。

「利用者さんの中にも台湾好きが多くて、写真をお見せしながら、お互いの旅の思い出話ですごく盛り上がったんですよ」と笑顔で話してくれました。旅を通して、こういった心温まる触れ合いがもっともっと増えることを期待しています。

Section

12

その他の制度
コミュニケーションのための手当

コミュニケーション不足では、情報共有は図れません。お互いを理解し、いい仕事につながるように積極的に交流を図ってもらいたいものです。そしてコミュニケーションをとるには、やはり一緒に飲んで食べてという「飲みニケーション」は有効なのです。

女性の職場には、仕事が終わって、「じゃあ、一杯行こうか」という雰囲気はありません。群馬県は車社会なので、一杯行ったら、そのあと代行車を呼ばなければいけないという面倒くささもあります。代行車代もバカになりません。

慣れないこと、面倒くさいことは、会社として制度化しなければ定着しません。そして生まれたのが、**「事業所交流会」**です。事業所ごとに夜の食事会を開いた場合、会社が費用の一部を負担するという制度です。回数は、年3回まで有効。以前、年6回までとしたことがありますが、スタッフから、「1ヵ月おきの夜の外出はできない」という声があがり、3回に落ち着きました。年に3回くらいなら、家族も「行っておいで」と気持ちよく送り出してくれるようです。もちろん自由参加なので、行けるときに出席してもらいます。

開催後は、どのお店に行って何を食べたのか、どんなサービスを受けたのかを全スタッフに写真つきで知らせます。行ってみたい、とお店選びの候補になりますし、よいサービスに関する情報共有もできます。

また、メンバーが3人以上集まれば、どのようなグループ間でも使える**「メンバー交流会」**という制度もあります。これは1人あたり年1回有効で、支給金額は一律2000円です。

ほかに、サークル活動では、活動したことをクラウドの情報共有スペースにアップすれば1ヵ月に上限5000円まで支給します。

私が、コミュニケーション上手な経営者であれば、「一緒に飲みに行こう」と誘って、積極的に話す場を提供できるのでしょうが、コミュニケーションに自信がなく、また、子育てスタッフを誘うことに大きな罪悪感を感じていることもあって、制度にしてしまいました。**自分でできないことは、制度にしてしまうのがCOCO－LO流**です。

Section

13

働き方を自分で決められる勤務形態

ＣＯＣＯ－ＬＯのもうひとつの大きな特徴である勤務形態についてお話しします。当社では、創業当時の人材難を乗り切るために、「会社にとってほしい人材を求めるのではなく、働く人から選ばれる会社になろう」と決めました。

働き方の形態も「会社がこう決めたので、従ってください」というのではなく、**いくつかのパターンを設け、スタッフ一人ひとりの生活スタイルに合わせて選んでもらう**ようにしています。現在は、「正社員」「パート」「アルバイト」「短時間正社員」「準社員」の５つの中から選べます。

・**正社員**：正規雇用で雇用期間の定めのないスタッフ
・**パート**：夫の扶養の範囲内で働きたい、１日４・５時間未満や週３日など、短い時

間で働きたい人向けの形態

・**アルバイト**：決まった時間でなく単発で働きたい、訪問の依頼があったときだけ働きたい人向けの形態

・**短時間正社員**：子どもが未就学児で、短時間で働きたい人向けの形態

・**準社員**：小学6年生までの子どもがいる人、同居家族に介護が必要な人がいる人、自分自身が療養中の人が該当。4・5時間から7・5時間までの間で勤務時間を自由に選択できる

準社員が生まれた理由

準社員という勤務形態ができたのは、創業時の人材難の最中に応募してきてくれたMのお陰です。当時、未就学児を抱えていたMはパート勤務を希望していました。でも、彼女はとても優秀で性格もいい方だったので、しっかりとした雇用関係を結び、末永く会社に勤めてほしいと考えました。

「賞与も退職金も支払いますし、社会保険にももちろん入っていただくので、パートではなくて正社員になってくれませんか」とお願いしたところ、「(働く時間帯が) 子

どもが保育園に行っている間であればいいですよ」と承諾してくれたのです。

Mが、子どもを保育園に送り出し、家の片づけや洗濯が終わるのが9時半ごろだったので、勤務開始は10時。保育園のお迎え時間が16時だったので終業は15時半。4・5時間勤務の準社員が誕生しました。

その後、準社員として入社を希望してくれたDが、「私はもう少し長く働けます」と言ってくれたので、準社員の勤務時間は4・5時間から7・5時間までの間で生活スタイルに合わせて選べるよう、制度を変更しました。

勤務形態は年1回変更できる

一度選んだ勤務形態でずっと勤め続けるのではなく、希望に合わせてチェンジすることが可能、それも当社の特徴です。

たとえば、「今は年長の子どもの世話が忙しいのでパートだけれど、来年は小学校に入るので正社員になりたい」というのもOK。

逆に「今は正社員だけれど、母親の介護が大変になってきたので、アルバイトになりたい」というのもOKです。

Section

14

働く時間帯も選択できる

当社は勤務形態だけでなく、働く時間帯も一人ひとり融通が利くような制度になっています。たとえば、「正社員」の勤務時間は始業が8時～9時の間、終業が17時～18時の間で8時間を選択することができます。

当初、正社員の就業時間は8時30分～17時30分と一律でした。なぜ変更したかというと、パートから正社員になることを検討していたスタッフ・鹿木からの相談がきっかけでした。

「自分としては正社員でバリバリと働きたい気持ちがある。でも、17時30分まで仕事をすると、帰りが遅くて子どもを塾に送っていくことができない。8時から17時までという勤務が可能であれば、正社員になりたい」という内容でした。

たしかに、わずか30分の違いが、子育て中の女性スタッフにとっては大問題です。

鹿木の場合、自分が正社員として働くことで、子どもを塾に送って行けず、勉強に支障が出たらどうしようかと悩んでいたようです。

ちょうど同じ時期、正社員のTからも、次の相談がありました。

「朝の通勤に時間がかかるので、9時~18時に勤務時間を変えることはできないか」

Tの自宅から会社までは、昼間でも車で40分以上かかります。朝のラッシュ時にはさらに時間がかかるのは言うまでもありません。

ちょっとした制度の変更でスタッフの負担が軽くなり、喜んで働いてもらえるなら、それは当社にとって大きな利益になります。

子育て中の女性スタッフは自分の予定ではなく、家族の予定を優先して働ける時間が決まります。そのため、スタッフのことはスタッフ1人ではなく、一世帯としてとらえるようにしています。

「その世帯にとって安心できる働き方ってどういうものだろう?」、そんなことをいつも考えています。

Section

15

1時間から働ける「ならし勤務」

先ほど、当社では子どもが満3歳になるまで育児休業を取得できるという話をしました。問題は休業が終わり、仕事復帰するときです。短くて約1年間、長くて約3年間、社会と離れて子どもと向き合い、〝ゆったりモード〟で生活してきたスタッフが、今後は仕事と育児・家事を両立させる〝忙しモード〟に切り替えなければなりません。

「私、やっていけるのかしら」と、誰もが不安になることでしょう。

そこで「子どもが保育園に入るときには、ならし保育があるんだから、大人が仕事に戻るときにも、**ならし勤務**があってもいいのでは」と考え、育休明けの1ヵ月間はならし勤務期間として、勤務時間を1時間から自由に設定できるようにしました。その間に勤務形態を選び、夫との役割分担をつくってもらうようにです。

1時間から勤務できるとはいえ、ほとんどの人は4時間くらいからスタートします。

毎日少しずつ、勤務時間を伸ばしていき、正社員として復帰する人もいれば、パートや準社員で復帰する人もいます。そこに、その世帯の考え方が反映されます。

いずれにしても、**ならし勤務を通じて、徐々に働くことへの自信を取り戻していく**スタッフの姿を見るのが、私は大好きです。

Section

16

スタッフの〝わがまま〟が組織を強くする

さまざまな制度やしくみを整えてきた当社ですが、そのほとんどは**スタッフの声から生まれたもの**です。

特別有給休暇制度ができたのは、「年次有給休暇だけでは足りない」という子育て中のスタッフの声、選択可能な勤務時間体制ができたのは、「子どもの塾の送り迎えに合わせて、仕事の時間帯を変えたい」という声がきっかけでした。当社には**無料で利用できる社内託児所**がありますが、それを設置したのも、出産し、育児休暇中のスタッフが、「社内託児所があれば絶対に復帰する」と言ってくれたから。

一般的な企業なら、「会社に対して、自分の家庭の都合を言うなんて〝わがまま〟だ」ととらえるかもしれません。でも当社の場合、**スタッフの〝わがまま〟が会社を発展させ、組織を強くしてくれた**と思っています。

事実、特別有給休暇制度も、フレキシブルな勤務時間体制も、社内託児所も、会社に大きな利益をもたらしてくれました。それらがあったからこそ、子育てと仕事を両立したいという人材が集まり、男女共同参画やワークライフバランスに関わる数々の賞を受賞し、COCO－LOという会社がマスコミでクローズアップされたのです。

これからもスタッフの声を聞き、できる限り希望を実現するしくみをつくっていきたいと考えています。そのために**半期に一度は管理者面談、年に一度は社長面談**を行ない、その声を集めているのです（詳しくは4章）。

定例の面談以外でも、**何か困ったことが起きたら、すぐに面談します。**

ＣＯＣＯ－ＬＯのスタッフは性格が真面目な人が多いので、「プライベートなことで迷惑をかけるくらいなら、仕事を辞めようと思います」なんて言いかねないのです。

こちらとすれば、「辞めるなんて言わずに、ずっと続けていけるしくみを一緒に考えようよ」というスタンスですから、大事にならないうちに、**小刻みにスタッフのわがままを引き出し、それをクリアしていく**うちに、ＣＯＣＯ－ＬＯ独自のスタイルが生まれてきたような感じです。

子育て中のスタッフの意見、遊ぶことが好きなスタッフの意見、勉強してキャリアを積みたいスタッフの意見、介護中のスタッフの意見、治療が必要になったスタッフの意見、子どもの学費にお金がかかるからお給料を上げたいスタッフの意見、子育てはひと段落したけれど生活の時間に余裕を持って働きたいスタッフの意見、それぞれの**ライフスタイルに合わせて意見を聞いてきました**。

その結果、**多種多様な人材が集まるようになりました**。昨今は、こうしたＣＯＣＯ－ＬＯの取り組みを気に入って入社してきてくれる人がほとんど。

「環境面での不安がないので、仕事に集中できます」という声を聞くにつけ、嬉しく感じています。

Chapter

3

限られた時間で全力を出す！時短・効率化のしくみ

COCO-LOは基本的に残業禁止です。
就業時間内に業務を終わらせるには、
効率化が不可欠です。
効率的に仕事をすれば、
「忙しい」が「充実している」に変わります。
そのコツをお話しします。

Section

17

残業ゼロが基本です

当社は基本的に、**業務は時間内に終わりにするのが決まり**です。どうしても残業しなければいけないときは、事前に残業申請書を書き、管理者の許可をもらい、施設利用申請書を提出してもらいます。あえて、面倒な作業を課しているのです。

今でこそ、終業時刻の5分前になると、帰り支度をはじめるスタッフがほとんどですが、ここまでにするのが大変でした。最初のころは、終業時刻後、各事業所を回り、残業している人がいないかどうかを確認にいったものです。どうしても仕事が終わらない人には、「残業中」というタスキをかけて仕事をしてもらったこともありました。恥ずかしいから、その後は時間内に仕事をてきぱきと片づけてくれるだろうという期待を込めて……。

ほとんどのスタッフが定時で帰るようになったのは、２０１６年。終業と同時にアルソックの電気錠をかけ、締め出しをしたのがよかったようです。

当社には最初のころ、短時間正社員や準社員が大勢いました。彼女たちはものすごい集中力で仕事に取り組み、時間が来たらピタッと家庭に戻ります。「この時間しか仕事ができない」という環境に置かれると、人はそのようにがんばるのです。

その後、正社員が増えてくると、残業時間が一気に膨れ上がりました。目立って残業が多い人に、「なぜ残業するの？」と尋ねると、「仕事が終わらないから」「人が少ないから」と言うのです。

しかしそういう人に限って、スケジュール管理がまったくなされていませんでした。仕事ぶりを見ても、非効率だなと思うことが多かったのです。効率が悪い人に払う残業代は無駄なお金です。

そこでCOCO－LOでは、その**無駄なお金を削り、資格手当に充てる**ことにしたのです。5章でお話ししますが、当社では70以上の資格を対象に、毎月の給与にプラスする資格手当を設けています。

残業する時間があったら、家で資格取得のための勉強をしてほしい。残業代で給料を上げるのではなく、資格手当で給料を上げていこうと考えてほしいと思います。そのほうがスタッフ自身のためにも、会社のためにもなるのですから。

Section

18 時間管理のしやすい手帳をオリジナルで制作

スケジュール管理にはコツがあります。そこで個人任せではなく、社内で定期的に、時間管理に関する研修会を開いています。以前は時間管理のしやすい手帳を市販のものから選んでスタッフに配布していましたが、現在では、**当社オリジナルの手帳を制作**しています。A5判、B5判の2タイプがあり、好みや用途によって選んでもらっています。

当社のスタッフは、仕事以外に家事や子育て、介護などするべきことがたくさんあり、１日が24時間では足りない人がほとんどです。上手に時間を使わないと、「今日も結局、何もできなかった」という後悔の気持ちが残ります。後悔の気持ちは後を引きます。それが続くと、「仕事を辞めようかな」という思いが出てきます。

創業時は、家庭で子育てに専念したいという人に働いてもらっていたので、少しでも家事や子育てに支障が出ると、仕事を辞めるという決断に至るまでが早くて困ってしまいました。「仕事が忙しいから、家の掃除ができない。いつも家の中が汚いのは家族に悪い。じゃあ会社を辞めよう」という思考になるのです。

そうならないために、**どのようにすれば家庭も仕事もうまく回るのかを示していく必要性がありました**。時間管理に関する本をたくさん読み、数多くのスケジュール帳を購入して、使いやすい物はどれか、どんな書き方が効果的かを徹底的に調べました。

まず、するべきことを「ｔｏ ｄｏリスト」としてバーっと書き出します。それらをあらためて眺めてみると、「しなくてもよいリスト」が見つかるので、線で消します。**するべきことを探すのと同じように、しなくてもよいことを見極めることが大**

切です。時間には限りがあるので、優先したい内容に時間を使うよう意識するわけです。

そして、残ったリストを時間軸に落としていきます。**リストアップしただけでは行動に移せないので、時間軸に書き込むことが重要**です。毎回行なう業務であれば、どのくらい時間がかかるのか見当がつけやすいのですが、はじめての業務なら、余裕を持った時間枠を検討します。

訪問看護の場合、ご自宅に訪問する業務のほかに、主治医に提出する訪問看護計画書・報告書といった書類を作成する業務があります。それをどの時間に行なうかを、時間軸のスケジュール帳を見て決めます。同じ時間枠にケアマネへの連絡をすることや訪問看護計画書を作成することを一緒に記載してはいけません。**ひとつの枠にはひとつの業務を記載する**というルールを守ることが大切なのです。

この時間管理をしていないと、業務が立て込んでくるにつれ、「忙しい、人手が足りない」とアタフタしてしまいます。しかし、時間管理をしていると、自分のスケジュールを主体的に動かせるので、業務が立て込んできても忙しいとは思いません。逆に、「充実していると感じます。要は、やらされているか、やっているかという差です。

仕事は主体的にやっていくものなのです。

また、人は**手帳に書くと、その用件を忘れることができます**。だから、目の前の仕事に集中できるというよい面もあるのです。

仕事を含めて、時間を主体的に動かす経験がない人にとって、最初はとても戸惑うようです。しかし、このしくみに慣れたスタッフは、「スケジュール帳がないと困る」と言って、仕事時間とプライベート時間を上手に使いこなしています。

12 December 2018

30 Friday 金 友引	1 Saturday 土 先負	2 Sunday 日 仏滅
□	□計画書プリント	□
□	□計画書配布	□
□	□事務資料	□
□	□イベントの件m	□
□	□	□

30 Friday 金 友引

- 8
- 9 Cさん
- 10 Bさん
- 11 Dさん
- 12 lunch
- 13
- Iさん
- 14
- 15 Mさん
- 16 Mさん
- 17 計画書
- 来週予定
- 18

20/30	40/60	60/90	医療
		6	

1 Saturday 土 先負

子どもサッカー
お茶当番

2 Sunday 日 仏滅

サッカー　車7:00

・Lさん～CMへtel
バイタルの件
・有休ワークフローへ
・Thanks:川島さん書類作成
・気:LさんのBirthdayに写真を撮ってプレゼント
喜ばれた

気づき	3
Thanks	4.8
山田	ボール
田中	シート
〃	提出書類
伊藤	車管理書

week 36 / 53

11 November 2018

M	T	W	T	F	S	S
•	•	•	1	2	3	4
5	6	7	8	9	10	11
12	13	14	15	16	17	18
19	20	21	22	23	24	25
26	27	28	29	30	•	•

11 November 2018

☑ 新カルテ作成 ①	☑ 訪問道具C ⑥	☑ 倉庫そうじ ⑪	☐
☑ システム入力 ②	☑ 記録用紙 ⑦	☑ CM報告 ⑫	☐
☑ 契約書 ③	☑ 育休申請 ⑧	☐	☐
☑ 重要事項書 ④	☑ 勉強会資料 ⑨	☐	☐
☑ QRコード ⑤	☑ 係のmeeting ⑩	☐	☐

26 Monday 月 仏滅	27 Tuesday 火 大安	28 Wednesday 水 赤口	29 Thursday 木 先勝
8 ⑪	8 ⑧、⑤	8	8
9 ⑥、⑦	9	9 育休	9 Aさん
⑨	Fさん		
10 meeting	10	10 Kさん	10 Hさん
11 ⑩	11 Gさん ⑤もつ	11	11
事業所勉強会		Lさん	Pさん
12	12 tel	12 〇〇事務所 ⑫	12
lunch	lunch		〇〇事務所
13	13	13 lunch	13 lunch
Dさん	Hさん		
14	14 Iさん	14 Mさん	14 Rさん
15 ①、③、④	15	15	15
		Nさん	Sさん
16 Eさん ③、④もつ	16 Jさん	16	16
報告		Oさん	Tさん
17 情報確認	17 ②	17 共有・報告	17 申請
18	18	18	18

20/30	40/60	60/90	医療	20/30	40/60	60/90	医療	20/30	40/60	60/90	医療	20/30	40/60	60/90	医療
		2			3	2				4	1		1	5	
				tel					CM						
				1					1						

事業所勉強会 資料作りしておいたほうが よさそう	ハタフリ当番の有休 申請済	CMに会えて 資料を渡せた 共有を心がけようと 思う	訪問メインで行けた

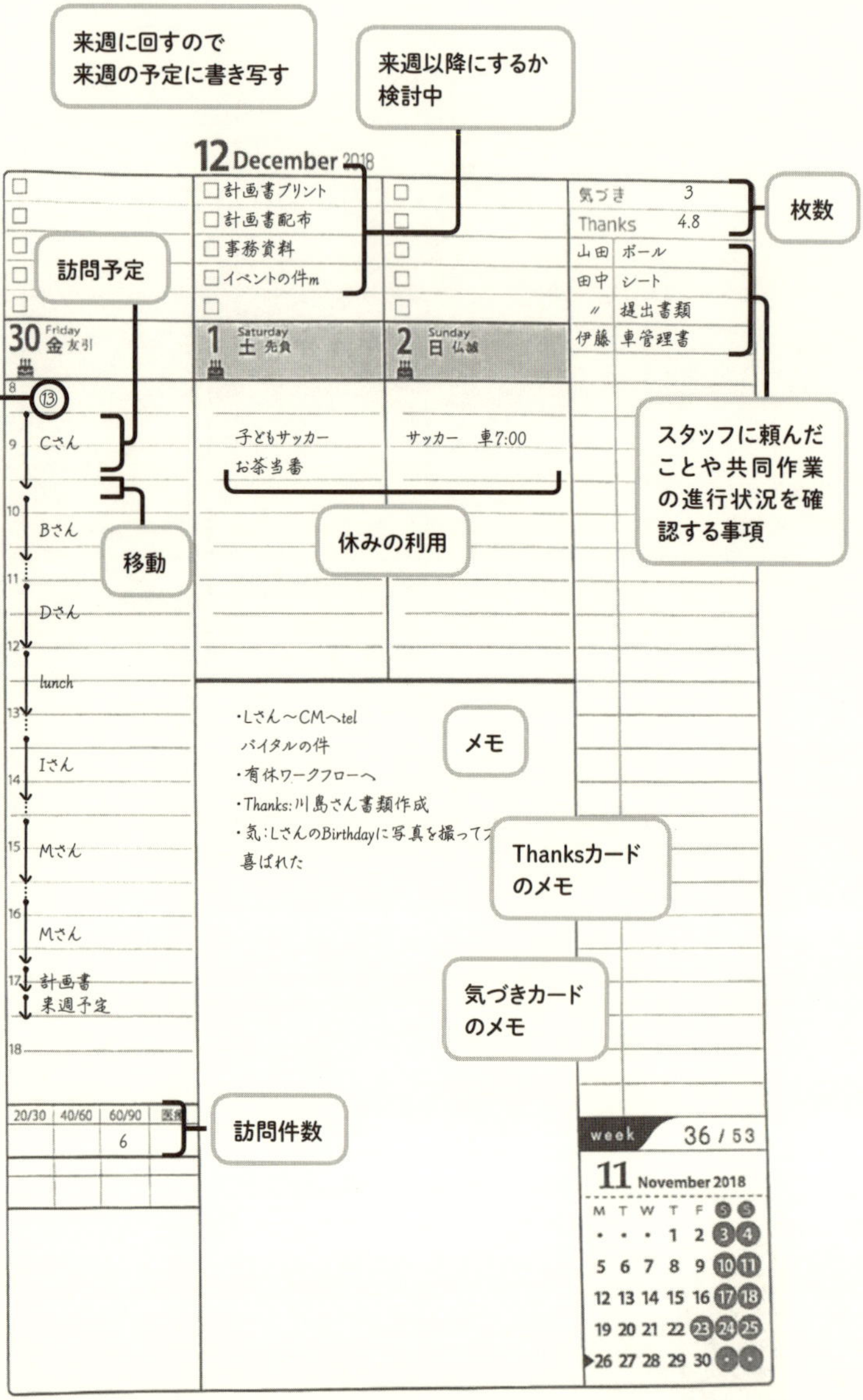
来週に回すので
来週の予定に書き写す
来週以降にするか
検討中
12 December 2018
計画書プリント
計画書配布
事務資料
イベントの件m
気づき 3
Thanks 4.8
枚数
山田 ボール
田中 シート
〃 提出書類
伊藤 車管理書
訪問予定
30 Friday 金 友引
1 Saturday 土 先負
2 Sunday 日 仏滅
スタッフに頼んだ
ことや共同作業
の進行状況を確
認する事項
Cさん
子どもサッカー
お茶当番
サッカー 車7:00
Bさん
移動
休みの利用
Dさん
lunch
・Lさん～CMへtel
バイタルの件
・有休ワークフローへ
・Thanks:川島さん書類作成
・気:LさんのBirthdayに写真を撮って
喜ばれた
メモ
Iさん
Mさん
Thanksカード
のメモ
Mさん
計画書
来週予定
気づきカード
のメモ
20/30 40/60 60/90
6
訪問件数
week 36 / 53
11 November 2018

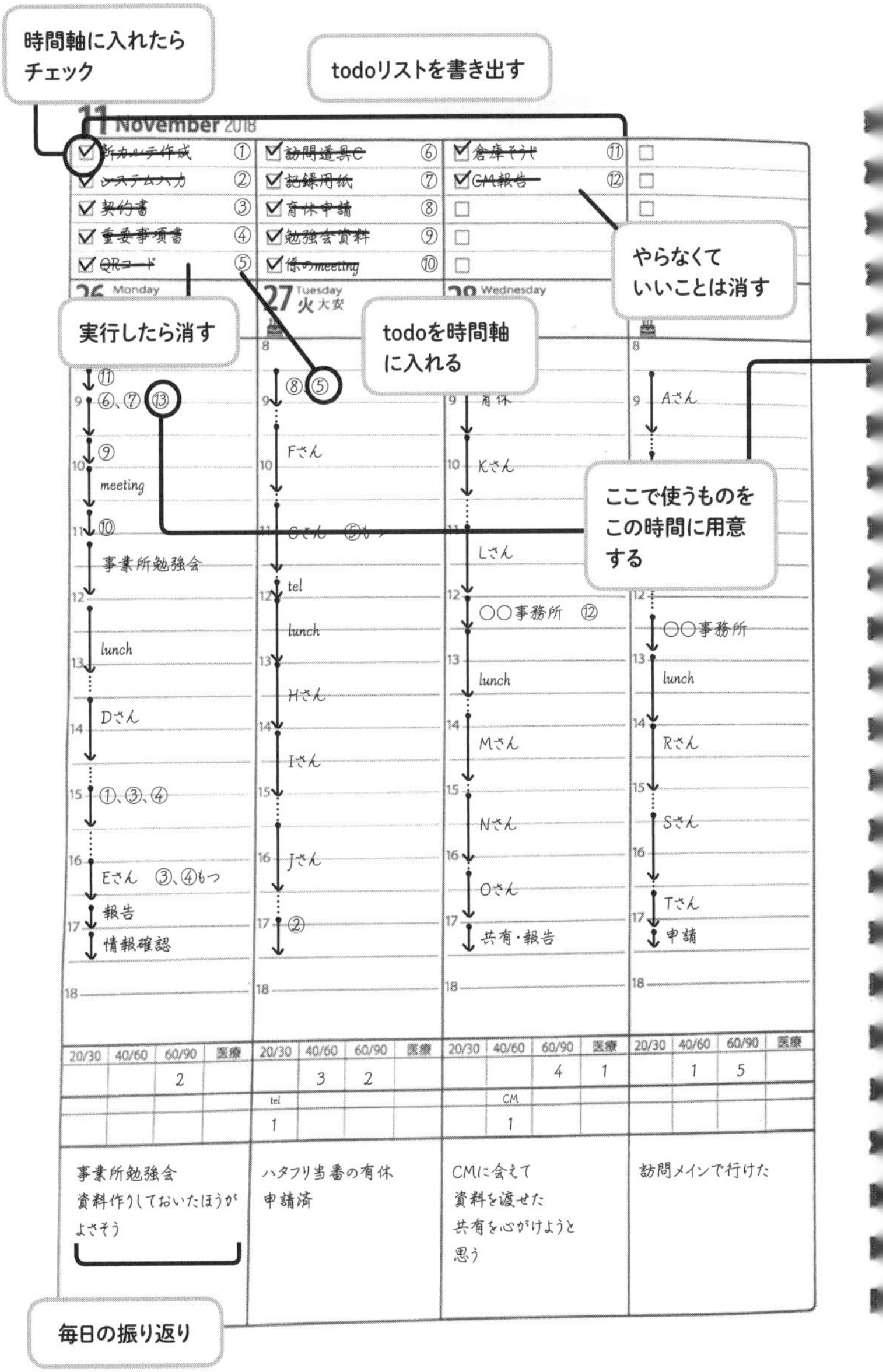
時間軸に入れたらチェック
todoリストを書き出す
11 November 2018
新カルテ作成 ①
システム入力 ②
契約書 ③
重要事項書 ④
QRコード ⑤
訪問道具C ⑥
記録用紙 ⑦
育休申請 ⑧
勉強会資料 ⑨
係のmeeting ⑩
倉庫そうじ ⑪
CM報告 ⑫
やらなくていいことは消す
26 Monday
27 Tuesday 火 大安
28 Wednesday
実行したら消す
todoを時間軸に入れる
ここで使うものをこの時間に用意する
⑪
⑥、⑦ ⑬
⑨
meeting
⑩
事業所勉強会
lunch
Dさん
①、③、④
Eさん ③、④もつ
報告
情報確認
⑧ ⑤
Fさん
Gさん ⑤もつ
tel
lunch
Hさん
Iさん
Jさん
②
育休
Kさん
Lさん
○○事務所 ⑫
lunch
Mさん
Nさん
Oさん
共有・報告
Aさん
○○事務所
lunch
Rさん
Sさん
Tさん
申請
20/30 40/60 60/90 医療
事業所勉強会 資料作りしておいたほうがよさそう
ハタフリ当番の有休 申請済
CMに会えて 資料を渡せた 共有を心がけようと思う
訪問メインで行けた
毎日の振り返り

Section

19

いまだに紙が多用される介護の世界

個人の時間管理は手帳を使い、手作業で行なうことが効率的だと思っていますが、社内の情報共有に関してはＩＴが欠かせません。スタッフにｉＰａｄ、ｉＰｈｏｎｅを支給し、クラウドの使用をスタートしたのは２０１３年のこと。今や当たり前になりましたが、介護業界の中ではかなり早いほうでした。

当社では、「訪問スタッフは直行直帰が可能」という制度があります。しかし、直行直帰を続けると、他のスタッフと話をする機会が減ります。

「最近、会社に行かないので、知らないことが増えている」という訪問スタッフの声を聞き、費用的にはかなり大きな投資でしたが、ｉＰａｄ、ｉＰｈｏｎｅの導入を決めたのです。期待どおり、全スタッフが**事業所や利用者さんの情報を共有**できるようになり、サービス向上とコミュニケーションの強化につながりました。

ところが、会社を一歩出ると、ＩＴ化などどこ吹く風。介護の世界では今でも紙が多用されています。介護保険関連の事業者とのやりとりも紙ですし、介護サービスの利用プランを記入する提供票も紙での情報共有になっています。

そのうえ、介護保険の書類は年々増え続け、行政のチェックも厳しくなる一方。書き方も毎年変わり、今までＯＫだったものが急にＮＧになったり、逆のケースもあります。

現場からは、「もっと書類を簡易にしてほしい。利用者さんとしゃべる時間が少なくなってしまいます」という声があがるようになりました。書類づくりに時間が取られて、利用者さんへのサービスが低下してしまっては本末転倒です。でも、国の制度上、決められた書類は出さないわけにいきません。

「どうしたら社外に提出する書類づくりを簡便にできるのだろうか」

ずっと試行錯誤を続けてきました。介護保険事業に興味を持ったＩＴ企業の方が何社も当社を訪れて、いろいろアイデアを出してくれたのですが、なかなかうまくいきません。そして、一時は頓挫してしまったのです。

Section

20

仕事を現場で終わらせるタブレット用アプリを開発

これまで書類づくりは、訪問看護や現場での仕事が終わった後に事務所でパソコンに向かい、行なっていました。この時間がスタッフにとって大きな負担でした。

私が理想としていたのは、ｉＰａｄ、ｉＰｈｏｎｅなどのタブレットを利用し、介護や看護をしながら現場でデータを入力するスタイルです。それらのデータが、関連するすべての書類に飛ぶようになればいいなと思っていました。

しかし、いくら探しても、タブレットのアプリでそのような機能を持っているものはありませんでした。

「こうなったら、自社でアプリを開発するしかない」と決めたのが２０１７年の冬です。経営者として親しくしているシステム会社の社長さんに開発をお願いしました。

当社には、かつてパソコン店を経営していたＩＴに強いスタッフ・Ｅがいます。

彼が中心になり、システム会社と打ち合わせを重ね、約半年をかけて、**iOSアプリ「ココロシステム」**をつくり上げました。やりたいことがおおよそ決まっており、こちらからどんどん情報を出していったので、半年という短期間で完成したのだと思っています。

システム会社の方は、「これは画期的なシステムです。絶対、今なら他社にも売れますよ」とおっしゃってくださいますが、私は、COCO－LOの働き方があるからこそ、価値のあるシステムだと思っています。

たとえば、「直行直帰はダメです」「いくらでも残業してください」という会社ではこのシステムは意味がありません。そのため、システムだけを切り売りしようとはまったく考えていません。

ココロシステムで実現できたこと

ココロシステムの使い方をご紹介しましょう。

訪問看護の場合、事前に利用者さんにQRコードのついたカードをお渡ししておきます。訪問スタッフが**ｉＰｈｏｎｅでそのＱＲコードを読み取る**と、画面に利用者さんの情報が出てきます。表示されている項目にそって、バイタルなどを測定し、数値を打ち込んでいきます。その後、ケアを行ない、報告書を書いて、登録ボタンを押せばそれで一件落着です。

デイサービスなど通所の場合は、ｉＰａｄを使用します。同じように画面に、利用者さんの情報を表示し、バイタルなどの数値やその日、どんな運動をしたか、また利用者さんへの連絡事項などを打ち込んでいきます。タブレットなので片手で持って、利用者さんと話をしながら打ち込むことができるのが、大きな利点です。利用者さんがお帰りになるときには、データをプリントしてお渡ししています。

それらのデータを使用して、**介護保険の煩雑な書類も一気に作成**できますし、データ分析もできます。どんな方がどのくらいの割合で利用されたか、どんな介護度の方が多かったか、稼働率は何パーセントかなど。今まではデータ分析をするために、パソコンでエクセルに数値を打ち込む作業が必要でしたが、その必要がすべてなくなったのです。

会社が新しい取り組みをするとき、現場の人間は抵抗しがちです。「面倒くさい」「不安だ」といった理由からでしょう。新しいシステムを取り入れても使いはじめるまでに時間がかかり、使い出したら今度は、文句がたくさん出てきて、浸透するまでに数年かかるという話をよく聞きます。

ＣＯＣＯ－ＬＯのスタッフは、日ごろから、新しいことにチャレンジすることに慣れています。

それでも、ココロシステムに関しては、最初は戸惑いがあり、「仕事が増えた」と思ったスタッフが多かったようです。「よくわからないけれど、まずはやってみます」と、なんとか使いはじめてくれました。関連する書類の手順を変えたり、新たなワークフローをつくったりと、システム担当者が入念な準備を進めてくれました。

使い方に対する質問や、「できない」といった不満に対応するため、企画室全員がフォロー体制をつくり、スタッフに使い続けてもらえるように細かな配慮をしました。たくさんの質問が出てきたのは、まずは成功でした。考えて工夫してくれる人、わからないことがあるとすぐに投げ出す人、いろいろいましたが、１ヵ月くらいで、「慣れてきました。便利です」という声が少しずつあがりました。

まだまだ完璧とは言えず、改良の余地があるシステムですが、スタッフの意見を聞きながら、使いやすいカタチに近づけていきたいと思います。

ココロシステムによって、こんなことが実現できました。

・利用者さんとのおしゃべりの時間が増えた
・パソコンに向かう時間が減った
・パソコンを見ながらでなく、利用者さんを見ながら健康状態の評価ができるようになった
・介護計画書に利用者さんの日々の様子を反映できるようになった
・事業所別稼働率、介護度別利用人数など、会社に必要なさまざまなデータが取れるようになった
・社内の情報共有がしやすくなった
・書類が減り、同じことを何度も書かなくて済むようになった
・前回、前々回の利用者さんの様子が即座にわかり、比較が容易になった
・担当の引き継ぎがスムーズになった

・表示されている項目にそって作業を進めていくことで、確認漏れがなくなった
・ケアマネに写真付きで、利用者さんの報告ができるようになった
・サービスの質が向上した
・事業所での残務処理がなくなり、訪問看護のスタッフが完全に直行直帰できるようになった

ココロシステムの使い方　訪問看護の場合

業務内容の登録

1. アプリにログインする
↓
2. 出勤する
↓
3. 訪問開始
↓
4. 利用者を追加する
↓
5. 訪問時間・バイタル・訪問内容を入力する
↓
6. プログラムの時間変更・個別のコメントを入力する
↓
7. 利用者さんごとに④〜⑥を繰り返す
↓
8. 報告する
↓
9. 退勤する

（③〜⑥：利用者さん1名あたりの業務）

毎月の業務

1. 経過報告書を作成する
↓
2. 利用者さんの写真撮影（可能な方）
↓
3. コメントの入力
↓
4. 登録
↓
5. PCから経過報告書を印刷

ココロシステムの使い方 デイサービスの場合

日々の業務

1. アプリにログインする
↓
2. 利用状況から入る
↓
3. 各利用者さんのバイタル・状態入力
↓
4. 各利用者さんのプログラム確認
↓
5. 各利用者さんの報告作成
↓
6. 連絡ノート印刷
↓
7. 報告する

アセスメントシート・モニタリングシートの作成

システムアプリから登録

アセスメントシートの印刷

PCから手動で印刷

モニタリングシートの印刷

運動機能向上計画書の印刷時に手動で印刷

Chapter

4

スタッフ一人ひとりと向き合い、才能を見つける

人はみな違う強みを持っています。
それを仕事に活かせれば、
会社にとってもスタッフ自身にとっても
いいこと尽くめです。
COCO-LOが実践している、
スタッフの強みの見つけ方とは……。

Section

21

トップダウンの組織からボトムアップの組織へ

2005年にCOCO－LOを創業してから、最も大きな節目の年をあげるとすれば、2012年だと思います。

「社長がいなくても回る組織にしなければいけない」

2010年、妊娠・出産を機にそう気づき、自分で考えて行動することを、少しずつスタッフの間に根づかせようと努力してきました。でも、なかなか思うようにはいきませんでした。やはり、根本的な改革が必要なのです。

そこで2012年、子どもが2歳になり、「そろそろ、子育てに費やしていたパワーと時間を会社に向けてもよい時期ではないだろうか」と考え、改革を決断しました。

ひとつは、**私がプレーヤーからマネージャーへ移行すること**。

これまで5対5の割合で、社長業と訪問看護の仕事をしていました。作業療法士の仕事が好きでしたし、利用者さんと直接触れ合うことに喜びを感じていたので、社長業一本に絞れなかったのです。

しかし、自分がプレーヤーでいる限り、どうしても自分のやり方が正しいと考えてしまい、スタッフの持ち味を尊重できなくなっていることに気がつきました。

そこで、訪問看護の仕事を1割以下に抑え、**経営者としての役割分担を大きく**していこうと決めたのです。今振り返ると、「以前は経営者として自信がなかったから、現場に逃げていたのだろうなあ」と思います。

2つ目は**トップダウンの組織からボトムアップの組織への改編**です。これにはスタッフと向き合うことが必要不可欠です。

当時はまだ、経営判断を1人ですべて背負っていたので、スタッフに弱音を吐くことすらできない状態。

そんな中で、「スタッフから不平不満を言われたり、ああしてほしい、こうしてほしいと、一方的な要望が出てきたらどうしよう」と、さまざまな不安が頭をよぎりました。でも、いつかは**エンパワーメントな、つまり、スタッフの一人ひとりが思う存分に力を発揮できる組織にする**と決めていたので、勇気を持って一歩を踏み出したのです。

まずは、妊娠時から読み進めていた本『1分間エンパワーメント』（ケン・ブランチャード著）の内容をそのまま実行してみようと決め、管理者を集めて1泊2日の伊香保温泉合宿を開き、エンパワーメントに関する勉強会を行ないました。そして**もっと組織を強固にするため、権限委譲をしていきたいことを管理者に伝えた**のです。

「社長勉強会」でも、エンパワーメントについて何度も説明し、その流れについてスタッフと一緒に考えるという作業を行ないました。そして、「実現するために力を貸してほしい」とスタッフにお願いしたのです。

また、これは少々気が重かったのですが、全スタッフとしっかり向き合おうと決意し、今まで不定期に開いていた社長面談を、定期的に開催することにしました。

Section

22

星野リゾートからの大きな学び

「星野リゾート」の社長・星野佳路さんを当社にお招きして、講演会を開催したのも2012年です。

介護はサービス業です。自社の組織づくりについて悩んでいたころは、意識して、サービスの評判が高いホテルや旅館に宿泊するようにしていました。当時で言えば、ウエスティンホテル、椿山荘、ヒルトン、ホテルミラコスタ。いずれも素晴らしい接客でした。私はといえば、気づいたことをメモしまくり、COCO－LOであればどのような取り組みができるのかを考えたものです。

ホテルだけではありません。接客のいいレストランのスタッフ、対応がステキな携帯電話会社の従業員など、人と関わる仕事をしている素晴らしい方と出会うたびに、何がよかったか、COCO－LOではどのように応用ができるのかと、メモを取っていました。

最も多くの学びがあったのが「星野リゾート」です。私が住む群馬県桐生市から最も近い「星のや軽井沢」には、何度も泊まりに行きました。

木々と水に囲まれた戸建てのゲストルームという理想的な環境に加え、従業員さんがゲストをおもてなしする距離感が絶妙なのです。押しつけるでも放っておくでもない、ほどよい間隔です。

「どうして、こんな接客ができるのだろう」

従業員さんにいろいろお話を伺ったり、1日中動きを観察したりしました。部屋やリラックススペースで夢中になって気づいたことのメモを取り続ける作業は、楽しくて仕方ありませんでした。訪れるたびに発見があって、アイデアが次々に浮かんでくるのにも驚きました。

もっと星野リゾートについて知りたくて、星野社長が取材を受けた記事や星野リゾートについて書かれた本を読みまくりました。星野社長が出演されたテレビ番組は録画して、繰り返し見ました。

そしてダメ元で星野社長に連絡し、当社で講演していただきたいとお願いしたのです。私が感じた心地よさのこと、そしてもっとお話を伺いたい旨を伝えたところ、快く了承してくださいました。嬉しさと緊張で、メールを開いた手が震えていたことを覚えています。

特に印象に残っているのは、フラットな組織文化をつくることに尽力されたお話でした。星野リゾートでは、会議の場で従業員さんが自由に意見を述べ、討議を重ね、何かが決まったら必ず実行するのだそうです。入社した年数や年齢、上司・部下も男女も、関係ありません。

そんな風通しのいいフラットな組織が基盤にあるからこそ、従業員一人ひとりが自分のするべきことを理解し、最高のタイミングで最善のサービスをお客様に提供できるのだな、と合点がいきました。

星のや富士、星のや東京、星のや竹富島と、星のやへ宿泊し、さまざまな施設でのおもてなしを体験し、たくさんのヒントをもらいました。特にオープン直後の星のや富士、星のや東京では、組織づくりのはじまりを見ることができました。従業員さんの動きや育成方法などを、新規事業所をつくるときの参考にさせてもらいました。

Section

23

最初は失敗ばかりだった「聞く」環境づくり

星野リゾートのような組織文化をＣＯＣＯ－ＬＯにも根づかせたい。真面目で優秀な、ＣＯＣＯ－ＬＯのスタッフ一人ひとりの才能を活かせる環境をつくれたら、自分たちで考え、発信できるチームをつくれたら、と考えると、ワクワクが止まりませんでした。これが実現したら、すごいことになるぞと。

そのためには、社長である私自身がスタッフ一人ひとりと向き合う必要がある、と思うに至りました。

全スタッフと話す社長面談は、創業当時から不定期に行なっていました。スタッフのことを知るために、なるべく定期的にやらなくてはいけないとわかっていたのですが、経営者が社員と向き合うって、結構怖いことなのです。

当初は、スタッフの話はどんなことでも聞いてあげなければならないと考えていました。一対一になり、「なんでも話して」と言うと、会社やプライベートの不満や愚痴がブワーっと出てくるのには驚きました。最高で2時間、「夫が家のことをやってくれない」「仕事が忙しいから掃除ができない。ご飯がつくれない」と家庭の愚痴を聞かされ続けたこともあります。

家庭と仕事の切り替えがうまくいかない人が多いのです。

ある男性スタッフから怒鳴られたこともあります。雇用契約をかわし、納得して入社した人なのに、「給料が少ないから、俺はビールでなくて第三のビールしか飲めないんだ。もっと給料を上げろ」と。

意義ある面談にするために、何を聞けばいいのか

面談の後はメンタルをやられて、疲れきり、寝込んでしまうこともたびたび。すると経営に支障が出ますし、スタッフの顔を見ることさえ怖くなってしまいます。

そこでいっとき、社長面談を管理者面談に切り替えました。白紙の状態で面談すると収拾がつかなくなることを経験していたので、「こういう項目で話を聞いてくださ

い」と、面談項目をつくりました。

そんな中、あるスタッフの口から、**「仕事なんだから、やりがいを持つことが一番大事だと思う」**という言葉が出たと聞きました。たしかにそのとおりです。そこで、**「今のやりがいは何か」ということをメインに聞く**方向に変えていきました。

私が不定期にやっていた社長面談は、Q&AのQがちゃんと定まっていなかった。だから、悩み相談のような感覚で、不平不満がたくさん出たのだと気づきました。

また、経営の課題解決の答えは社内にある、スタッフやお客様である利用者さんが教えてくれているのだと、あらためて思いました。その教えに気づき、素直に受け入れることが、経営者として必要なことだと学びました。

Section

24 社長面談で目標設定、キャリア形成のアドバイス

２０１２年から、社長面談を定期的に行ないはじめました。１～３月に、社長面談週間をつくり、全スタッフと面談します。

「逃げていてはいけないんだ」と、自分を叱咤激励しながらのスタートでした。

１人と向き合う時間は約30分。尋ねる項目は、

・今のやりがいは何か
・この先、どのようにキャリアを築いていきたいのか
・資格を取る予定があるか

の３点です。Ｑ＆ＡのＱがはっきりしているので、以前とは違い、建設的な話し合いができるようになりました。

プライベートのことは、基本的に聞きません。ただし、ライフステージが変わることに伴い、勤務形態を変えたいという人がいるかもしれないので、「家庭で何か変化はありますか」と確認することもあります。プライベートなことは、普段のコミュニケーションを増やし、その中で自然と情報が入ってくるので、面談で聞いていた頃より、詳しく知っているかもしれません。

この面談によって、**スタッフ一人ひとりの仕事での目標を明確にし、評価シー**

トに結びつけるという流れをつくることができたのは大きな収穫です（評価シートについては5章で詳しくお話しします）。

年1回の社長面談のほか、上半期、下半期に一度ずつ、管理者面談もやっています。管理者が自分の担当している事業所のメンバーに対して、仕事のやりがいと、生活上での困りごとについて聞くのです。社長には言えない、もっと身近な相談も管理者面談では受けつけています。

私たちが「聞く」ことにこだわる理由

なぜこれほど、当社が「聞く」ことにこだわっているかと言うと、**自分の意見を言わないスタッフが多かったから**です。一般的な福祉施設や医療施設は絶対的なトップダウンの世界。上の人が言ったとおりに動くのが当たり前で、そういう中で仕事をしていると、自分で考えることをしなくなるのです。考えなければ当然、自分の意見など持ちません。

当社にはそういった施設から転職してくるスタッフが少なくないのです。訪問看護をはじめて、看護師を雇用したときに、「病院では先生の指示どおりに動いていればよかったのに、訪問看護は自分で考えて動かなくてはいけないので嫌です」と言って辞めていった人が何人かいました。

「自分で考えるから楽しいのになぁ」と思いましたが、人はそれぞれ価値観が違います。だからなおのこと、「COCO－LOはスタッフの意見を聞く会社だよ。だから自分で気づいたことをどんどん言葉にして伝えてね」と、提示していかなければいけないと思いました。この**価値観のすり合わせ**をしたいから、社長面談をしているような気もします。

Section

25 みんな、他人と比較して自信をなくしている

社長面談をするようになって、気がついたことがあります。それは「私、自信がな

いんです」と言うスタッフがたくさんいること。

よくよく話を聞いてみると、「Aさんにできることが、私にはできない」「Bさんに比べて、仕事が遅い」など、他人と比較して勝手に自信をなくしているのです。

「みんな違うからいいんだよ。人と比べる必要なんてないんだよ」

そう伝え続けてきましたが、〝自信がない症候群〟のスタッフは増え続けるばかり。

作業療法士の学校で学んだ「人はみな違う」ということ

思い返してみれば、私自身も作業療法士の専門学校に通う前は、人はみな違うということをよく理解できませんでした。若さも手伝い、かなり自己中心的で、世界は自分を中心に回っているかのように思っていたものです。

しかし、専門学校で勉強していくうちに、自分を少しずつ客観的に見ることができるようになりました。いいえ、自分というより、人間という生物を客観的にです。

カラダは細胞の塊です。骨《こつ》、筋、神経、血液、内臓、大脳、それぞれに機能があり、その機能の集合体としてヒトという物体が成り立っています。

「感情は心であり、心は心臓にある」と思い込んでいましたが、違いました。心は脳です。脳で感じて判断し、骨や筋が行動の最前線に立ってくれるのです。
「私という人間が物体なのだ」と自覚したのはそのときが最初です。

発達学の授業では、幼少期からの記憶を振り返ることができました。それは大きな発見に満ちあふれていました。山と川に囲まれた環境に生まれ、早くから保育園に通い、のびのびと自由に育ってきた私。３歳の七五三のとき、はじめて着物を着たのですが、「自宅へ戻って着物を脱がせたとたん、裸足で家を飛び出して、いつも遊んでいた近所の神社へかけって行ったのよ」と母から聞きました。着物が窮屈だったので、その反動が出てしまったのでしょう。

発達学を学んだことで、「自分は押しつけられることや、型にはめられることが苦手だったんだ」と自覚しました。大人になってからもこの性格は変わりません。育ってきた環境や出会った人、一番近くにいる両親や兄妹、祖父母から影響を受けて、私ができていることを知ったのです。

精神学の授業では、人には気質があり、大きく分けると循環性気質の人、内閉性気質の人、粘着性気質の人がいることを学習します。

私は、社交的で温厚な反面、躁状態とうつ状態が循環して出る「循環性気質」でした。今までの人生を考えると、まさに納得です。どの気質が良い・悪いということはなく、いずれの気質にも長所と短所があるところが興味深いところです。

そう、**人はみな違う**のです。カラダの特徴も、家族関係も、育った環境も、そこから生まれる気質や性格もみな違います。日常生活の中での顔の洗い方、歩き方、洋服の着方など、どれひとつとっても、方法が異なります。それぞれの行為は、身体的な機能としての動かし方、感情の変化、育ってきた環境など、さまざまなものが絡み合ってはじめて成り立つのだということを学びました。

作業療法士の仕事は、障害を持つ人の体と心のリハビリテーションをすることです。人がみんな違うように、障害というのもひとつの個性。できないことを無理やりできるようにするのではなく、できるように設定を変える必要があること、そして、できることを伸ばす方法を考えることが大切なのだと気づいたときは目から鱗が落ちました。

「地球上にはいろいろな人がいて、それぞれの個性があるから成り立っている」

そう確信が持てたのもこのころです。

私はその1人で、他と比較しようがないのです。比較するから自信をなくすのです。**自分にしかない才能を大切にする**と、自信は自然とついてくると思っています。

Section

26

34の才能・資質の中から自分の強みを知る

話を元に戻しましょう。他人と比べて、自信をなくしているスタッフたちに、「みんな違って、みんないい」ということをわかってほしくて、2015年から社内に導入したのが**「ストレングス・ファインダー」**です。これは、アメリカのコンサルティング会社・ギャラップ社によるオンラインの才能診断ツール。34に区分された個人の才能・資質の中で、**自分が持つ5つの強み**を明らかにしてくれるものです。
診断を受ける方法はいくつかありますが、COCO－LOでは、書籍『さあ、才能（じぶん）に目覚めよう』（日本経済新聞出版社）を購入し、付属のアクセスコードを使用する方法を採っています。

自分で試してみたところ、私の5つの強みは「戦略」「個別」「学習」「活発」「着想」でした。それぞれの強みの解説を読んで、「そうそう、そのとおり！」と思わず膝を打ちました。「戦略」という資質を色濃く持つ私は、ことに当たる前に、どうすれば成功するかという手順をじっくり考えてから臨みます。私は以前からそういう行動を取るのが当たり前でしたが、直感で動く人や決断したら即行動という人も大勢います。「人によって当たり前が違うのだなあ」と再確認しました。

さっそく、スタッフ全員にストレングス・ファインダーをやってみてもらったところ、驚くことに、誰ひとり、5つの強みが同じ組み合わせの人はいませんでした。
そして、結果については、みんなが私と同じように、「そうそう、そのとおり！」

と声を合わせました。

ストレングス・ファインダーの素晴らしいところは、どの強みに対しても、「自分はすごい。特別な存在なのだ」と思わせる解説が書かれているところです。このツールのお陰で、**「みんな違って、みんないい」**が目に見えるカタチで証明できました。

ストレングス・ファインダーの診断結果は、社内のクラウドにアップし、みんなで共有することにしました。それ以来、「このスタッフは、実はこういう人だったんだ」という理解が深まり、社内のコミュニケーション力がアップしたように感じます。


また、従来は「Aさんにできることが、私にはできない」「Bさんに比べて、仕事が遅い」という思考だったのが、

「Aさんにできることが私にはできない。でも、私には○○ができる」

「Bさんに比べて仕事が遅いけれど、私の仕事は丁寧」

という思考に変化し、自信を持つ人が増えてきたことも感じます。


ストレングス・ファインダーの本には、〝その資質が強い人との働き方〟という対

人関係のアドバイスも書かれています。

「Cさんとは話がしにくかったけれど、こういう語りかけ方をすればいいんだ」とヒントをもらえるのもよい点です。

2017年から、経営計画書のメンバー紹介のページに、ストレングス・ファインダーの5つの強みを記入しています。それぞれに自己紹介文を書いてもらうのもいいですが、ひと言でその人を語るには、5つの強みは客観的で効果的です。

Section

27 完成された人でなく、花開く可能性のある人を採用

COCO－LOにはいろいろな人材が入ってきます。

人材難に苦しんでいた創業のころは、応募してくる人はすべて採用していましたが、

今は少しずつ、「選ぶ」ということをしています。

ＣＯＣＯ－ＬＯがほしい人材、それはダイヤモンドの原石のような人です。今はまだ、自分に何が向いているかわからないけれど、磨かれていくことで大きく花開く可能性のある人。

逆に言うと、でき上がっている人は、ＣＯＣＯ－ＬＯでなくても働けるので、あえて採用しようと思いません。

たとえば、中途採用の面接をしていると、「やりたいことと実際にやっていることが、かみ合っていない人が多いなあ」と思うことが少なくありません。

事務員に応募してきたＲは、自分が何をしたいかわからず、それまで派遣でいろいろな職を転々としてきたと言います。街頭アンケートの仕事ではとても高い成績をあげたという話から、「初対面の人と話をするのが得意なの？」と聞いたところ、「そうなんです」と嬉しそうにうなずき、そのときに、瞳がキラリ。その瞳を見て、Ｒの採用を決めました。事務仕事をしながら介護の仕事のお手伝いをしてもらうという条件で。

今では優秀な介護職員となったR。利用者さんへの対応が上手なので、みなさんから慕われるのです。「人と話をするのが得意」というRの才能が、見事に花開いた結果なのでしょう。毎日、いきいきと仕事をするRの姿を見るたびに、「輝ける場を見つけるお手伝いができてよかった」と嬉しく思っています。

あるスタッフが、「COCO-LOにいると、定期的に雅樂川さんが面談してくれて、自分では気づかなかったスキルや才能を見つけ出してサポートしてくれる。それだけでもお得感がある」と言ってくれたことがあります。

たしかに、下手な占いに行くよりも、普段からスタッフの行動を興味深く観察している私のアドバイスのほうがお得かな、とひそかに自負しています。

スタッフが認めてくれている気持ちは本当に嬉しいですし、私自身も社長面談をとおして、見えてきたことがたくさんあります。

スタッフはそれぞれにやりたいことを持っていること。それをどうしたらカタチにできるのかという道筋を一緒に見つけていく作業が、自分はとても好きであること……。

昨今は中途採用だけでなく、1年に1人、新卒採用をはじめましたが、やはり、先ほど述べたような基準で選んでいます。

不器用だけれど、どこかにキラリと光る要素を持った人を丁寧に育てていくのがCOCO－LO流です。

Section 28

自分の言葉で想いを伝える「社長勉強会」

スタッフの人数が10人を超えたころから、外部講師を招いてのキャリアアップ研修をはじめました。第1回目は元キャビンアテンダントの講師をお招きし、ビジネスマナーについて学びました。

実はこのころ、私はスタッフに面と向かって言いたいことが言えない、スタッフ恐怖症の真っただ中だったのです。そのため、事前に外部講師に私の言いたいことをしっかり伝え、それを講師の口を通して、みんなに伝えてもらおうという意図がありました。社長から言われるより、第三者から指摘されたほうが角が立たないだろうと思ったのです。

今から考えると、リーダーシップの「リ」の字もない未熟な社長でした。

スタッフ恐怖症を克服したのは、先にお話ししたように、2012年、エンパワーメントな組織づくりをはじめ、スタッフに歩み寄ろうと心を入れ替え、マンツーマンの社長面談をはじめたことがきっかけです。

それに加えて、2011年から不定期で開いていた社長勉強会を、2013年から毎月、定期的に行なうようにしました。

「逃げていてはいけない。自分の言葉で自分の想いを、スタッフに語りかけていくことが重要なのだ」と考えました。勤務時間や家庭の都合で参加できないスタッフがいないように、私が各事業所へ出向いて勉強会を開きました。そしてこれは現在も続いています。

「満足度の高いサービスとは」「マインドマップの使い方」「企画書のつくり方」「ア

イデアの出し方」など、毎月毎月、違う話題が必要なので、今も昔もさまざまな本を読みまくっています。

損益計算書の見方を講習したこともありました。これは近々、全スタッフにCOO－LOの売上を公表していこうと思っていたからです。子どものお小遣い帳をコピーし、「会社の会計もこの延長線上なんだよ」と伝え、収益・費用・純利益などのしくみを細かく伝えました。

スタッフからは「賞与を上げてほしい」「こんなに働いているのになんで給与が上がらないの」という声がよくあがります。しかし、現実問題として賃金アップが難しいこと、どのくらい会社が稼げば、スタッフの給与や賞与が上がるのかということをわかってほしかったのです。

社長勉強会ではなるべく素の自分を出すように心がけています。

今までは、物事ははっきり言う、いつもキリっとしているように心がける、感情は極力抑える、ということをしてきました。でも本当は、いつも悩んだり、困難にぶつかるたびに心が折れそうになったり、陰で泣いたりしていたのです。

それを素直に伝えるようにしました。質問が寄せられ、それに答えられなければ、恥ずかしがらずに「私にはわかりません」と告げます。

「社長でも悩むんだ」。そんな気づきが私とスタッフの間の垣根を低くしてくれたように思います。何よりも立派な社長でなくていいんだと、私の心にのしかかっていた重圧が少しずつ減っていったのは嬉しい限りです。今までは自分で自分の首を絞めていたのでしょう。

COCO－LOでは**「社長勉強会」**のほか、仕事に必要な技術や知識を学ぶ**「事業所・職種別勉強会」**、1年の方針を確認し合う**「キャリアアップ研修」**、みんなでひとつのテーマについて語り合う**「座談会」**など、さまざまな勉強会を実施しています（詳しくは6章）。

Section

29

「聞く」ことでスタッフの行動が変わる

さまざまな試みが少しずつ実を結んでいったのでしょう。徐々に、**私ひとりで考える会社運営から、私たちで考える運営**に変わっていきました。仕事上で困っていることや悩んでいることを、素直に管理者に話せるようになったのは、私にとって本当に嬉しい変化でした。

最初、スタッフは戸惑っていました。

「何をすればいいのかわからない」「何が変わるのかわからない」

でも少しずつ変化していったのです。スタッフと一緒に私自身も少しずつ変わるように心がけました。

以前は、何かを聞かれると、すぐに自分の考えを答えるクセがありました。でも、

「あなたはどうしたいですか？　どう思いますか？」

とまずは聞いてみることにしました。すると、それぞれに考えを持っていて、中には自分の答えまで持っているスタッフもいるのです。その考えを後押しするように、

「いいですね、やってみましょう」

と言うと、明るい表情になって一生懸命に行動してくれます。そこから雰囲気が変わりはじめ、いきいきと自由な発想があふれ出てきます。この変化は、見ていて本当に楽しかったです。

みんなから尊敬される社長でなくてはいけないんだ、私がいなくては組織が回らないんだと虚勢を張っていた時期は、会社を経営することがただただ苦しくて、つらかったです。でも、トップダウンからエンパワーメントの組織へと改編したことで、肩の力がすとんと抜け、経営を心から楽しめるようになりました。

Chapter

5

評価せずに評価する COCO-LO流・人事評価制度

ビジネスの場で、
女性は人のことを評価するのを嫌うようです。
COCO-LOでは上司が部下を評価する制度を
廃止しました。
その代わりに採用した
オリジナルの評価制度についてお話しします。

Section

30

女性は部下を評価したがらない

ＣＯＣＯ－ＬＯは２０１５年から、社長や管理者が部下を評価することを辞めました。

「仕事はバリバリやりたいけれど、管理者にはなりたくない」と言うスタッフが多いからです。なぜ管理者になりたくないのかというと、部下を評価するのが嫌だからです。評価するとねたまれますし、嫌われるかもしれません。

以前読んだ、ある経済誌の記事が印象的でした。インターネット広告事業などを展開するサイバーエージェントに、とても優秀な女性がいてどんどん昇進していくのですが、彼女は「役職につくのはいいけれど、チームのみんなのことを評価したくない」と言ったそうです。

それを聞いた藤田晋社長は、「じゃあ、評価しなくていい。いい仕事をすることに専念すればいい」とおっしゃったとか。

世の中には**「評価しなくていい」**という選択ができる企業とできない企業があるのだなあと思いました。サイバーエージェントとCOCO－LOでは規模は違いますが、人を評価しなくていい、という選択ができる点では一緒なのだと嬉しくなりました。

私自身、人を評価するのが嫌いですし、苦手です。しかし、創業後数年間は、社長として賞与を出すために、全スタッフの評価をしていました。

賞与費用を捻出するだけでもひと苦労なのに、それに加えて、いつも一生懸命働いてくれるスタッフを評価しなければいけないのがとても苦痛でした。あげられるものならば、全員に「こんなにもらっていいのですか」というくらい支給したいと思っています。でも、やっと捻出する費用ですから、そんなにたくさんは支給できません。

しぶしぶ評価をして賞与額を決めるわけですが、それによって、「思った額と違った」と、不愉快な気分になってほしくないのです。賞与の時期はいつも、かなりのストレスで悩んでいました。

そんなとき、群馬県みどり市に本社を置く群馬電機の上野文雄会長と出会い、「うちは独自の方法で評価をしているんだよ」と、具体的に評価の仕方を教えていただきました。

それは、担当している役割について、どのような進捗状況なのか、毎月、部下と上司がお互いにリポートを提出し合うのだそうです。毎月提出し合うというところが特におもしろいなあと思いました。

提出するほうもされるほうも大変な作業であると思いますが、毎月のコミュニケーションのひとつになります。また、上司が部下のことを、いつもしっかり見ているよ、がんばっていることは知っているからねという思いを伝えるには、素晴らしい方法だと思いました。

人の評価については、さまざまな本を読んでみましたが、どれも真似をするにはしっくりこなかったので、まさに目から鱗でした。

「評価の方法は会社で自由に決めていいんだ」ということも新たな学びでした。

Section

31

自分で自分を評価する「個人評価シート」

数あるCOCO－LOのしくみの中で、最高傑作だと自負しているのは**「個人評価シート」**です。これは、自分で自分のがんばりを評価するシートであり、賞与の基本となるものでもあります。

群馬電機の上野会長から、同社の独自の評価方法について聞き、「評価の方法は会社で独自に決めていいんだ」と目から鱗が落ちたという話はすでにご紹介しました。もうひとつ驚いたのは、同社では、評価の元になる報告書に対して、部長、課長のみならず、社長や会長まで目を通しているということです。

「社長や会長がそこまで従業員と密に関わるから、群馬電機はいい会社なのだなあ」と腑に落ちました。

もともと賞与決定の際に使用していた評価ポイントを「方針共有」という名前に変え、それにグループ目標、個人目標、経営計画書で示しているメンバーＶｉｓｉｏｎ評価の３項目を加えて、Ａ３サイズの個人評価シートをつくりました。

A　グループ目標

大目標、小目標、目標、実績、達成度の５つを記入していきます。

まず、事業所ごとに大目標を決めます。次に、それを成し遂げるために、どのような行動を起こせばいいのか、小目標を設定します。小目標はあいまいな表現でなく、数字を使い、誰もが一目瞭然なものにすることが重要です。さらに、具体的な数字を目標欄に記入。実際にどのくらいできたかの数字を実績欄に記入。達成度の欄は、目標達成したか否か、どちらかに〇をつけます。

具体例でお話ししましょう。

「事業所をきれいに保つ」という大目標を決めた場合、それを達成するために、「１日２度掃除をする」「１日ひとつ、モノの定位置を決める」などの小目標を定めます。

このように**小目標は必ず、数値化するところが重要ポイント**です。「一生懸命掃除をする」「モノはきちんと元の場所に戻す」といったあいまいな表現はＮＧとなります。

その月の稼働日が21日だとすると、「1日2度掃除をする」の目標欄には21日×2度で42という数字が入ります。自分で毎日、1日2度の掃除ができたかどうかを手帳につけていき、最終的に実績の数字を実績欄に記入するというわけです。実績の数字が目標の数字と同じ、あるいは上回れば達成ですし、それ未満なら未達成になります。

B 個人目標

書き方はグループ目標と同じです。大目標、小目標、目標、実績、達成度の5つを記入していきます。

グループ目標も個人目標も、**達成度は賞与に影響**します。そのため、小目標の数は少ないよりも多いほうが、達成度が高くなるのは必然です。

「なるべく5個は立てよう」とスタッフに話しているのですが、いつも2、3個という人も中にはいて、そういう人には個人的に目標のつくり方をアドバイスしたりします。

Ｃ　メンバーVision評価

ＣＯＣＯ－ＬＯメンバーVisionを経営計画書でも掲げ、この5つの行動を大切にしましょうといつも話しています。それに対して、自分で自分を評価します。

1　利用者さんの声を行動で実践する

2　決められた時間内で高い成果をあげられる

3　人を育てている

4　自分を育てている

5　情報共有が高い

以上の5つの項目について、5段階で自己評価をします。5＝すごくがんばった、4＝なるべくがんばった、3＝ふつう、2＝少し手を抜いた、1＝やる気がなかった、という具合です。

この評価は、スタッフのメンタルの状況を知るのにとても有効です。3以上をつけていれば問題はありませんが、何ヵ月も続けて、いくつかの項目に2をつけるスタッフがいたら、「私、今、メンタルがとても大変です」というアピールだと判断し、即、事業管理者や社長が個人面談を行ない、話を聞きます。

その裏に職場での人間関係のトラブル、家庭での困りごと、本人の健康問題などが隠れていることも、時にあるのです。この数が賞与の評価ポイントとなります（149・182ページ参照）。

D 方針共有

イベント参加数や気づきカードを書いた数、プリセプター（182ページ参照）実施月数など、直接、賞与の評価につながる項目について、その数を記入していきます。この数が賞与の評価ポイントとなります（149・182ページ参照）。

』

者印	管理者印	雅楽川印

事業所交流会	① 4／30　② 7／28　③
社内交流会	① 10／3　②　③

	2月			3月			下半期合計		
度	目標	実績	達成度	目標	実績	達成度	目標	実績	達成度
未	760人		達・未	760人		達・未	4,560人		達・未
未	760人		達・未	760人		達・未	4,560人		達・未
未	10人		達・未	10人		達・未	60人		達・未
未	1カ所		達・未	1カ所		達・未	6カ所		達・未
未	95%		達・未	95%		達・未	95%		達・未

	2月			3月			下半期合計		
度	目標	実績	達成度	目標	実績	達成度	目標	実績	達成度
未	760人		達・未	760人		達・未	4,560人		達・未
未	62人		達・未	62人		達・未	372人		達・未
未	4回		達・未	4回		達・未	24回		達・未
未	760人		達・未	760人		達・未	4,560人		達・未
未	1回		達・未	1回		達・未	6回		達・未

	2月	3月	下半期合計

	2月	3月	冬季(5月～10月	11月～3月

	2月	3月	下半期まとめ

管理者コメント	社長コメント
10月 ご家族と細かくお話しできていました。スタッフ間で共有できたので助かりました。	10月 共有のおかげで事故を防げたのはすごいです!! 下半期の個人目標、良い!! ぜひ支援してください。
11月	11月
12月	12月
1月	1月
2月	2月
3月	3月

ココロとココロをつなぐ　～ heart to heart ～　　2018年度目標『笑顔でごあいさつ

名前	所属	入社年月日	管理者印	管理
相談員 ●●●●　印	ココロデイサービス	H　.　.		

A.グループ目標　利用者さんがお友達に話したくなるほど楽しいデイにする

小目標	10月 目標	10月 実績	10月 達成度	11月 目標	11月 実績	11月 達成度	12月 目標	12月 実績	12月 達成度	1月 目標	1月 実
おしゃべりを増やす(10分)	760人	730人	達・(未)	760人		達・未	760人		達・未	760人	
お1人ずつあいさつ	760人	736人	達・(未)	760人		達・未	760人		達・未	760人	
新プログラムを提案　5割	10人／月	10人	(達)・未	10人		達・未	10人		達・未	10人	
使いやすい動線改革	1カ所／月	1カ所	(達)・未	1カ所		達・未	1カ所		達・未	1カ所	
稼働率95%	95%	92%	達・(未)	95%		達・未	95%		達・未	95%	

定員20人
×2単位
×20時間
×0.95

B.個人目標　生活の「困った」を支援する

小目標	10月 目標	10月 実績	10月 達成度	11月 目標	11月 実績	11月 達成度	12月 目標	12月 実績	12月 達成度	1月 目標	1月 実
毎日お声がけする	760人	736人	達・(未)	760人		達・未	760人		達・未	760人	
ご家族と月1回は話す	62人	45人	達・(未)	62人		達・未	62人		達・未	62人	
変化をスタッフ間で共有する	1回／週×4	4回	(達)・未	4回		達・未	4回		達・未	4回	
連絡ノートに状況を書く	760人	736人	達・(未)	760人		達・未	760人		達・未	760人	
自治体サービス情報を知る	1回／月	1回	(達)・未	1回		達・未	1回		達・未	1回	

C.メンバーVision評価　5.すごくがんばった　4.なるべくがんばった　3.ふつうにすごした　2.少し手を抜いた　1.やる気なかった

	10月	11月	12月	1月
・利用者さんの声を行動で実践する	5			
・決められた時間内で高い成果をあげられる	4			
・人を育てている	3			
・自分を育てている	4			
・情報共有が高い	4			

D.方針共有

		10月	11月	12月	1月
①イベント参加数		1			
②チーム貢献		0			
③気づきカード書いた数		14			
④ベスト気づき賞		1			
⑤Thanksカード書いた数		34			
⑥Thanksカードもらった数		41			
⑦ヒヤリポイント		3			
⑧プリセプター実施月数		0			
⑨社内勉強会講師	講義名	ハンドケア			
	参加数	12人			
⑩社内勉強会参加	講義名	介護・社勉・相勉			
	参加数	3			
⑪社外勉強会参加	講義名	看取りに～			
	参加数	1			
⑫ヘルプ数(ヘルプThanks数)		3			
⑬Instagramアップ数(SNS活用		1			
⑭目標達成度　グループ		2			
⑮目標達成度　個人		2			
⑯メンバー推薦項目					

	10月	11月	12月	1月
メンバー振り返り	動線改善は、足浴マシーンを休憩室側に移動しました。「いいよー」とお声をもらいました。スタッフ間共有で事故を防げました。			

Section

32 個人評価シートはスタッフを知る交換日記

個人評価シートは1ヵ月ごとに提出してもらい、管理者と社長がコメントを書いて本人に戻します。

スタッフからすると、正直、面倒ですし、手間もかかるツールです。しかし、それ以上に大きな効果があると思っています。個人評価シートを2015年に導入してから、徐々にスタッフたちに、自分の頭で考えて行動に移す力、物事を数字で考える力がついてきたことを感じます。それはCOO－LOにとって大きな武器です。

創業から数年間は、私が何か新たな試みをスタートしようとすると、必ずスタッフからブーイングが出ました。

「そんなことはできない」「業務に差し支える」「面倒だ」

しかし今は違います。

たとえば、はじめて取り組む大きなイベントを開催するときも、自分は何が得意で何ができるかを一人ひとりが考え、実行に移していきます。その結果、短期間で準備を終わらせ、イベント当日も混乱なく、運営できるのです。

また、このシートは継続しているという点が要。

「3年前と比べて、自分はどう変わっただろう」

「昨年の今ごろはどんなことに取り組んでいただろう」

と振り返ることができます。そして、成長の証を自ら感じることができるのです。

社長である私にとっては、スタッフの見えない一面を垣間見られる最高のツールでもあります。

「面白い目標を立てるな。彼女はきっと企画力があるに違いない」

「見えないところでコツコツと努力している」

など、提出されたシートを見るたびに新たな気づきがあります。その思いを素直に社長コメント欄に書いて、本人に戻します。スタッフ全員になるべくきめ細かなコメントをと思っているので、時間はかかりますが、「これは社長とスタッフの交換日記なんだ」と思い、楽しみながら取り組むようにしています。

それでも、忙し過ぎてコメントが書けないときのために、３種類の印鑑を用意しました。

「素晴らしいね」という意味のニコちゃんマークの印鑑、「うん、わかったよ」という意味のハシビロコウの印鑑、そして、普通の雅樂川陽子の印鑑。

とはいえ、なるべく印鑑に頼らず、自分の言葉で伝える努力は続けるつもりです。交換日記に印鑑では、相手が興ざめしてしまいますから。

Section

33

がんばりをポイント化し賞与で支給

COCO－LO流の評価システムは、努力次第でポイントを加点していくシステムです。

まず、「こういうことをがんばってくれる人を評価したい」という16の評価ポイントをつくり、達成度によって金額をプラスしていきます。すべて数値化しているので、わかりやすいうえ、誰に対しても公平です。

評価ポイントの一例を紹介します。

イベント参加数

休日に行なう利用者さん向けのイベントに参加した数です。当社では納涼祭や餅つき大会、文化祭など、年間を通してさまざまなイベントを実施していますが、そういった場に進んで参加してくれるスタッフと、「基本、参加しません」というスタッフに分かれます。

それは、どちらでなければならないという決まりはありません。「必ず参加してください」と言ったことはありませんし、ライフステージの変化に応じて、参加できるときもあれば、できないときもあります。そのときどきの状況で判断していいのです。

それでも、参加してくれるスタッフには感謝しているので、評価ポイントにしました。前日準備は1P、当日参加は半日の場合1P、1日の場合は2Pと計算し、1Pにつき1000円の加算になります。

当初は、1回のイベントに参加したら1Pとしていましたが、「イベント前日の準備や都合に合わせて、半日参加や1日参加の人がいるので、考慮してほしい」というスタッフからの声があり、このようなカタチになりました。

イベントは、テーマを表現する企画力や行動力、気遣いが学べるので、参加することで日頃の業務の優先順位を考えられるようになります。効率よく業務を遂行することを目標としている当社にとって、**イベントの企画運営は、自分自身を成長させてくれる大切なツール**でもあります。

仕事だけでなく、保育園や学校行事の段取り力や役割分担、旅行に出かける際のプランの立て方など、プライベートで役立つ面も多いので、イベントにはなるべく参加し、そのような力を磨いてくれればと思っています。

気づきカードを書いた数

介護は人と関わる仕事なので、相手を思いやって行動に移すことが基本的に求められます。そのためには**気づく力が必要**です。しかし、入社してすぐのスタッフは、何かに気づいたとしても、それを言葉にしたり、行動に移したりできません。

性格的に、もともとよく気がつく人もいれば、周りの行動を気にかけない人もいます。それに加えて、過ごしてきた環境も影響します。以前勤めていた環境で、管理者に言われるままに動いていた人、自分の意見を言ったことがない人、言っても聞いてもらえなかったので言わなくなったという人もいます。そういう人たちはいつの間にか、気づきの力さえも衰えてしまうものです。

でも、COCO－LOに入社したからには、気づきの力を向上させてほしい。そこで、日々の小さな気づきや困ったことを名刺サイズのカードに記入する、気づきカードをつくりました。それを評価ポイントとし、書いたら書いた分だけ賞与として支給することで、やる気につなげる狙いです。気づきカード1枚につき、100~500円を加算します。

気づきカードの詳細については次章でお話しします。

Thanksカードを書いた数

コミュニケーションで大切にしたいのは、相手を尊重し、思いやり、「ありがとう」という思いを伝えることです。言うほうは気持ちがいいですし、ましてや言われた本人は、次もがんばろう、やってよかった、と自分自身を肯定することにもなります。

こんなに大切な「ありがとう」ですが、ときどき言うタイミングを逃してしまうことがあります。そこで、「後からでも『ありがとう』を伝えられるしくみがあればいいな」と思い、Thanksカードをつくりました。

私自身も、このカードに励まされています。面と向かって「ありがとう」と言うのはちょっと恥ずかしいけれど、この思いだけは伝えたいというときに、すごく使えるツールです。
Ｔｈａｎｋｓカードを1枚書くごとに100〜500円を賞与に加算します。逆に、「Ｔｈａｎｋｓカードをもらった数」も評価ポイントとし、1枚もらうごとに50〜300円を加算します。

ヒヤリポイント

ヒヤリポイントは、失敗したことや失敗しそうなこと、つまり〝ヒヤリハット〟をシートに書くことでもらえるポイントです。一般的な企業では、ヒヤリハットを申告することは、失敗したということが前提なので、賞罰で言えば罰になります。でも当社では逆に、賞に値するのです。

ヒヤリハットを書くことで、自分の行動を冷静に分析し、課題を明確にして、次への対策を練ることができます。どうしようどうしようと焦っても、なんの解決にもなりません。冷静に考え直す機会が必要なのです。

そもそも、ミスを起こした人が悪いのではなく、ミスが起きてしまうしくみが悪いのです。しくみを見直すために、ヒヤリハットの申告は必要です。

さらにヒヤリハットは、個人の問題としてとらえるのではなく、チームでそのしくみについて考え直すきっかけにします。分析した結果、どうすればいいかをチーム全員で考えることが大切なのです。

たとえば、自分のミスで利用者さんを転倒させてしまいそうになったとします。やってしまったことは取り返しがつきませんし、当人も落ち込むのは当たり前です。

重要なのは、**次に同じことをしないためにはどうしたらいいか**ということ。それをチームのみんなで話し合い、改善策を考えます。修正する余地がない改善策ができたとき、話し合いに参加したメンバー全員がヒヤリポイントを獲得できるシステムになっています。１Ｐにつき３００～５００円の加算です。

ヘルプサンクス数

自分の本来の業務ではない、ヘルプの仕事をすることで獲得できるポイントです。お互い様で仕事をしている当社では、スタッフの急なお休みが毎日のようにあります。それが原因で、利用者さんにご迷惑をかけてはいけないので、他のスタッフが自らの業務の調整をしてヘルプに行き、対応しています。

イベント参加数	休日に行なう利用者さん向けのイベントに参加した数	前日準備は1P、当日参加は半日の場合1P、1日の場合2Pと計算し、1Pにつき賞与に1,000円の加算
気づきカードを書いた数	日々の小さな気づきや困ったことを名刺サイズのカードに記入する、気づきカードを書いた分だけ賞与として支給	気づきカード1枚につき、100 ～ 500円を加算
Thanksカードを書いた数	面と向かって「ありがとう」と言うのは恥ずかしいけれど、思いを伝えたいときに書いて渡すThanksカードの数に応じて賞与を加算支給	Thanksカードを1枚書くごとに100 ～ 500円を加算。Thanksカードを1枚もらうごとに50 ～ 300円を加算
ヒヤリポイント	ヒヤリハットをチームのみんなで話し合い、改善策を考え、修正する余地がない改善策ができたとき、話し合いに参加したメンバー全員が獲得できるポイント	1Pにつき300 ～ 500円の加算
ヘルプサンクス数	自分の本来の業務ではない、ヘルプの仕事をすることで獲得できるポイント	1Pにつき100 ～ 500円の加算

それぞれ、抱えている業務はたくさんあるでしょうし、以前から考えていた段取りもあると思いますが、そこを調整してくれるのです。思いやりと、行動力がないとできません。また、ヘルプの仕事がお互い様の雰囲気をつくってくれていることに感謝の思いをこめて、ポイントにしました。1P100～500円の加算です。

Section

34 評価に「運」も含める

賞与については次のI＋II＋III＋IV＝支給額となります。

I　基本給×○ヵ月　※○はその年の業績により変化する

II　評価ポイント　※16項目のポイントを合算する

Ⅲ　運

Ⅳ　処遇改善一時金（介護員のみ）

Ⅱの評価ポイントは先にお話ししたとおりです。では、Ⅲの「運って何？」と思う方も多いことでしょう。

これは、箱の中に100円から5万円までの金額を書いた紙を入れておき、全スタッフが福引をするのです。どこの事業所からくじを引くかは管理者が集まって、じゃんけんで決めます。

「こんなにがんばっているのに、なんでわかってくれないの？」「なんでこんなに理不尽なの？」などと思うことが存在するのが世の常です。

もしかすると、タイミングが悪くて、がんばっている姿が他人の目に止まらなかったのかもしれません。また、同じことをやっても、うまくいくときとそうでないときがあるのも事実です。人生、運によって左右されることも大きいのです。

COCO－LOでも、気づきカードをたくさん書いてポイントを貯めていく人もいれば、運がよくて福引でポンと高額の紙を引いてしまう人もいます。

私としては、地道にがんばる人が好きですし、尊敬もしますが、「運で逆転してしまうという遊び心があってもよいのかな」と思っています。

会社を経営するようになって強く感じるのは、何事にもタイミングがあるということです。普段からアンテナを張りめぐらせ、「今だ！」と判断するのですが、失敗することもあります。もうこれは、運に近いと思っています。

ポイントを貯めることだけで賞与の金額を決めてしまったら、その期間に病気をしてしまった、子どもが熱を出すことが多くてポイントを貯められなかったというケースも起こり得ます。そんなとき、運によって救われるチャンスがあってもいいのではないか、スタッフを救えるチャンスをいろいろな角度からつくってあげたいとの考えで、２０１５年からはじめた制度です（実施しないときもあります）。

Section

35

70以上の資格に手当を支給

賞与についてはこれまでお話ししたとおりです。

続いて基本給（月給）ですが、これは、資格ごとにスタートの金額が異なります。そして、経験年数によって上がっていきます。

当社の給与の特徴は、さまざまな資格手当がつくところです。創業時は正看護師、言語聴覚士、理学療法士、作業療法士の４種類が手当に該当する資格でしたが、2013年から70以上に増やしたのです。

それを機に、みんなが資格取得に力を入れはじめました。医療事務、介護事務の資格を取る事務員さんが出てきたり、ジェルネイル技能検定試験に挑戦する人、認知症ケア専門士を取る人。そして、介護福祉士もどんどん増えています。

資格を取得し、自分の手で給与を上げていってほしいという思いから、社外セミナーに参加するスタッフの応援も行なっています。

「○○のセミナーに参加します」という申請書を提出すれば、セミナー費は7万円まで会社が負担しますし、会場までの交通費や宿泊費も会社持ちになります。

資格は会社もスタッフも幸せにする

資格手当の金額は、取得の際の難易度によって決めていて、月に1000円～3万円というところです。会社の業務に関係のない資格でも、手当は上乗せされます。そのため、多い人は毎月5万円近い資格手当が支給されています。

たとえば、介護福祉士の資格を持って入社してきたNは、その資格手当として1万5000円、入社後、介護支援専門員（ケアマネージャー）を取得して1万円、さらに社会福祉士の資格を取って1万5000円の手当が加算されました。合計で4万円。年間にすると48万円が基本給にプラスになっています。

「資格手当があるところに惹かれました」と言って、歯科衛生士の資格を持った介護福祉士のIも入社してきました。歯科衛生士の手当は2万円、介護福祉士は

1万5000円なので、毎月3万5000円の加算です。

Iの入社をきっかけに、会社としてはそれまで消極的だった口腔ケア加算にも力を入れることにしました。実際、歯磨きの仕方をよく知らない利用者さんが多く、お一人ずつ指導していった結果、口腔環境の改善につながりました。

資格手当のために給与が増えて嬉しいI、提供できるサービスが広がって嬉しい会社。win-winの関係になりました。

多彩な資格手当を設けておくと、あらゆる人たちを雇用することができます。いろいろな才能が集まって、いろいろな事業が生まれる会社にしていきたいと思っています。

Chapter

6

個人の学びを組織の力につなげるしくみ

COCO-LOで大切にしているもののひとつがコミュニケーション。
仕事はチームで進めるのが基本です。
チーム力を高めるために行なっている
さまざまな試みを紹介しましょう。

Section

36

所属部署を超えた交流をつくり出す

スタッフの人数が増えてくると、自分の事業所の顔ぶれは知っていても、他の事業所にいるスタッフのことは、名前はおろか、存在すら知らないという問題が出てきます。同じ会社の仲間同士なのに、これでは困ってしまいます。

私は社長であると同時に、作業療法士です。

「コミュニケーションが不足している人たちに対して、どのような対応をするとよいのだろうか」と考え、精神科の実習でＳＳＴというトレーニングを体験したことを思い出したのです。

ＳＳＴとはソーシャルスキルトレーニング、生活技能訓練の略です。どんな場面でどんな振る舞いをすればいいのかを、グループのメンバーが考えて演じることで、実際の場面での適切な振る舞いを学んでいくトレーニングです。

さらに、作業療法の授業で、「同じ目的でひとつのことを何し遂げるチームメンバーに対し、人は親近感を持つ」という集団心理を学んでいたため、それを活用しようと考えました。

さっそく、社内にいろいろなチームをつくりました。勉強会チームや、ココロ美会というイベントを実施するチーム、掃除を担当するキレイナビチーム、飲み会を仕切る宴会チームなどさまざまです。何か課題が生まれて、新たに誕生するチームもあれば、必要性が少なくなり消滅するチームもあります。それはそれでいいのです。

チームは所属部署を超えてメンバーが編成されています。部署ごとに話し合いの場を持ち、どのチームに入るかを決めます。パートさんやアルバイトさんも同じようにチームに所属してもらうというルールにしました。

そして各チームで年間目標と年間行動計画を立てます。代表者3人が主に話し合い、他のメンバーに役割を振るという方法です。代表者は入社2～3年のスタッフが担当するようにし、段取り力を身に着けてもらいます。

2018年から、それまでのチームを整備し、チームと係に分けました。

チームはイベントの運営が目的で、前述のように所属部署を超えたメンバー構成です。2018年は納涼祭チーム、麻雀大会チーム、文化祭チーム、餅つきチーム、宴会チーム、そして年4回冊子を発行するココロ日和チームの6チームを設定。

一方、係は、業務上必要なことを行なうのが目的で、各部署から数名ずつメンバーを出してもらいます。現在、会計係、勉強会係、きれいナビ係、記録管理係、広報係、部署イベ&誕生日係、防災係の7つの係があります。

COCO-LOのイベントは、スタッフと利用者さん、そしてスタッフの家族が自由に参加できるのが特徴です。イベントを通じて、家族ぐるみのおつき合い、特にそれぞれの子どもの顔を知ることは、その後、スタッフ同士が仲よくなるカギです。

先日も社内でこんな会話を耳にしました。

「うちの子、大学生になって、お化粧に興味が出てきたのよ」

「あんなに小さかった○○ちゃんが、もう大学生なの?」

子どもの話題が出たときに、顔を知っているのと知らないのとでは、共感度は大違いです。

大きなイベントの運営で企画力・行動力も磨かれる

イベントも創業当時は失敗ばかり。参加してくださる利用者さんにご迷惑をかけることが多かったのですが、今では、毎年編成されるチームメンバーが一丸となって積極的に運営してくれています。

ＣＯＣＯ－ＬＯのイベントの中で、利用者さんに最も人気があるのは、１月に行なう餅つきです。毎年１００人以上の参加があります。うすと杵を使い、昔ながらの餅つきをするのが懐かしいのでしょう。一緒についてくれる利用者さんもいれば、「よいしょ」のかけ声で応援してくれる利用者さんも大勢います。

気を遣うのは餅を喉につまらせないこと。ちぎり班のスタッフが小さくちぎった餅を、スタッフが一人ひとり利用者さんに付き添いながら召し上がっていただきます。

２０１８年12月には、桐生市のレンガ造りの建物「有鄰館」を借りて、「ココロ文化祭」を開きました。当日は、利用者さんが制作した３００点以上の作品が展示されたほか、クリスマスカードやハーバリウムのワークショップ、採れたての新鮮野菜の販売、音楽ステージなどで大いに賑わいました。

「こんな大規模なイベントは、普通の介護施設ではなかなかできないよ」と多くの方々からお褒めいただきましたが、スタッフはそれぞれが担当業務をこなし、なんなくやってのけたのです。今までのチーム活動の成果だと思っています。**チーム活動のお陰で、他部署間で交流を持つようになっただけでなく、スタッフに企画力や行動力がついてきた**ようにも感じます。

Section

37 小冊子の作成で「社会」ともつながる

COCO－LOでは介護の仕事だけでなく、出版の仕事もしています。なんて言うとちょっと大げさですが、地域の人々に向けた小冊子**「ココロ日和」**を1年に4回発行しているのです。B5判フルカラー16ページ。社内でチームをつくり、企画から取材・執筆・編集まで担当しています。手前味噌な話ですが、素人が手がけたとは思えない本格的なできばえです。

冊子は2500部印刷し、利用者さんに配布するほか、病院や福祉用具の会社、桐生市内の協力店などに置いてもらっています。

冊子の中身はというと……。利用者さんのご紹介、事業所やスタッフに関するリポートのほか、連載ものとして、ココロガーデンの管理栄養士がつくる「季節のレシピ」、そして「桐生人をたずねて」といったコーナーがあります。

COCO-LOの地元である桐生市は、かつて織物の街として栄えていました。西の西陣、東の桐生と言われたほどです。モノづくりの精神は今も引き継がれ、この街には多くのアーティストが住んでいます。彼らの姿をリポートする企画が「桐生人をたずねて」です。

なぜ、この冊子を定期的に発行しはじめたかというと、**社会とつながるきっかけにしたかったから**です。

介護の仕事をしていると、「今日も利用者さんと社内のスタッフ以外、誰とも話さなかった」という日が少なくありません。どうしても世界が狭くなってしまうのです。

内へ内へと向かいがちな目を、外へ外へと向けてもらうよう半強制的にはじめました。

また、COCO－LOのスタッフには、実際に介護の仕事をするだけでなく、介護の情報をきちんと発信できる人になってほしいと思っています。冊子をつくる作業は、自分が見たこと、聞いたこと、学んだこと、体験したことを頭の中でまとめて、文章というカタチでアウトプットすることが必要です。まとめて文章化する、というトレーニングを積むことが、情報発信の第一歩だと思っています。

冊子をきっかけに写真展を開催

「ココロ日和」の表紙と裏表紙の写真は、桐生市在住の写真家・齋藤利江さんに撮影をお願いしています。これが、実に味わい深い写真なのです。カメラの技術うんぬんは私にはよくわかりませんが、何かを語りかけてくるのです。

齋藤さんの写真があまりにも素晴らしいので、2018年3月には桐生市の有鄰館で、COCO－LO主催の写真展「齋藤利江のココロ日和展」を開きました。齋藤さんが撮影したお母様の写真を中心に、「母と娘」「家族の記憶」をテーマとした写真130点を展示したところ、3日間の開催期間中に1500人もの来場者がありました。

実際にお母様の介護をしていた齋藤さんの写真は、優しさと愛にあふれていて、会場では涙をぬぐう人も多く見られました。これもココロ日和からつながったご縁です。ひとつの冊子がCOCO－LOと社会を結びつけているのだと実感しました。

Section

38 同じ課題を学ぶことで、同じ方向を向く組織になる

女性は「出世よりもプロフェッショナル志向が強い」と、先にお話ししました。プロフェッショナルになるためには常に勉強し、自分を高めていかなければいけません。

COCO－LOでは毎月、「社内勉強会」を開いています。知識やスキルを上げることはもちろん、みんなで同じ課題を勉強することで、**同じ方向を向くチームにな**

ることが目的です。

4章でもお話ししたように、社内勉強会は大きく分けると、次の4種類があります。

①仕事に必要な技術や知識を学ぶ「事業所・職種別勉強会」

②外部講師を招いての「キャリアアップ研修」

③私、雅樂川が話をする「社長勉強会」（4章参照）

④みんなでひとつのテーマについて語り合う「座談会」

第一回目の社内勉強会は創業年の2005年に実施しました。当時、当社の事業は訪問看護だけでした。利用者さんのお宅に伺って、さまざまなケアをするわけですが、一般のお宅は病院のように施設や器具が整っていません。また、指示を仰げる医師も近くにいません。慣れない環境で、すべてを1人でこなさなければいけないため、それまで病院勤務をしてきた看護師たちは、多くの不安を抱えるようになりました。

あるとき、スタッフと話をしていたら、

「寝たきりの利用者さんの洗髪をしようとしたら、ベッドをずぶ濡れにしてしまった。利用者さんの洋服もベッドも濡らさずに洗髪するにはどうしたらいいの？」

という疑問が出ました。そこで、ベテラン看護師を講師に招いて、勉強会を開こうということになったのです。

当時のCOCO－LOの事務所は、私の祖母が暮らしていた家の10畳の和室でした。そこに布団を敷き、ゴミ袋やバケツ、バスタオルを用意して洗髪の勉強会を行なったのです。首の角度はこうしたらいい、水はこうやってせき止めてと、講師の指導のもと、みんなで実習を行なったところ、これがとても楽しくて……。

その後も、誰かから疑問や不安の声が出るたびに、「みんなで一緒に学ぼう」と不定期に勉強会を開くようになりました。そして、**会を重ねるごとにスタッフの一体感が増していきました。**

終末期の利用者さんをご自宅で看取るための勉強会も行ないました。病院とご自宅、環境が変われば、看取り方も異なります。

たとえば病院なら、エンゼルセットと言って、死後処置をするための用具一式があらかじめ揃えられていますが、訪問看護の場合、脱脂綿やガーゼ、爪切り、タオルなど20～30の道具を事前に用意しておかなければいけません。何が必要か、しっかり把握しておくことが大切です。

また病院では、死後の処置をする間、ご家族には病室の外に出ていただくのが一般的です。でも、ご自宅の場合、「2階でお待ちいただけますか」というわけにはいきません。

「どうしたらいいだろう?」とスタッフ同士で話し合った結果、ご家族にお声がけして、「一緒にやりましょう」とお手伝いしてもらうのがいいのでは、という結論が出ました。長い間在宅で介護されてきたご家族ですから、最期まで自分の手で、とお考えになるのではないかと考えたのです。

勉強会は技術を学ぶだけでなく、COCO-LOのやり方を検討し合う、話し合いの場でもあります。

Section

39

社内勉強会で年間200万円を削減！

近年は、社内のスタッフが講師となる勉強会も増えています。特に役立っているのは運転手のYが開く「運転勉強会」。訪問看護のスタッフは車で利用者さんのお宅へ移動しますし、デイサービスでは利用者さんを車で送迎しています。車に乗る機会が非常に多いのです。それにつれて自損事故が増えてきたため、運転を学び直そうということになったのです。

Yの指導が的確なうえ、詳細なチェックシートまで作成してくれたお陰で、翌年は、自動車保険料が年間200万円減額になりました。この効果は大きいので、その後、運転勉強会は毎年行なうようになりました。

「訪問している幼児の利用者さんに、吸引をしてあげたいので、その技術を身につけたい」というリハビリスタッフJの声がきっかけとなり、2018年には「吸引勉強会」が開かれました。

吸引は家族や看護師のほか、訪問看護のサービス内であれば、リハビリ職でも処置が可能とされています。しかし、それまで吸引の経験がほとんどなかったJは、自分では処置できず、訪問中に吸引が必要となった場合、ご家族に声をかけて処置してもらっていたそうです。

「自分と同じように吸引の仕方を知りたいスタッフはほかにもいるはず」

Jは同じ事業所に勤務する看護師のOに相談し、Oが講師となって、吸引勉強会を開催したのです。社内のクラウドを利用して声をかけたところ、当日は18名のリハビリスタッフが参加。Oは自分で小児の大きさの模型をつくり、吸引の実習を行ないました。その模型はペットボトルを土台にし、紙粘土で鼻や鼻の穴までつくったリアルなもの。吸引の第一歩は「鼻の形状や解剖図を理解すること」です。それを知らないと、吸引器のチューブを気管まで持っていく際に、鼻の粘膜を傷つけてしまう危険性が出てきます。

模型を使った実習を見ながら、吸引の手順やチューブの持っていき方を細かく学んだ参加者たちからは、「指先の使い方など、細かいコツを教えてもらえたのはとてもありがたかった」「吸引を覚えたことで、仕事の幅が広がりました」という声が聞かれました。**勉強会を自分たちで企画したこと、その内容の充実度、共にとても意義ある時間**でした。

Section

40 気づく力と表現する力を養う

ビジネスでも家庭でも恋愛でも子育てでも、気づく力はとても大切です。どんなアクションを起こすにしても、はじまりは気づきから……。特に介護というサービス業では、日々、小さな気づきを持つ習慣が、質の高いサービスに直結します。

COCO－LOでは、スタッフ一人ひとりの気づく力を高めること、それを文書化し、自分の意見としてみんなに伝える力を身に着けることを目的に、２０１１年から**「気づきカード」**を導入しました。

実は、これも星野リゾートからヒントを得たものです。

何度も星野リゾートが経営する「星のや軽井沢」に泊まりに行き、そのサービスの素晴らしさに感動していた私は、あるとき、「スタッフにも星のやの質の高いサービスを受けてもらおう。そこから何かを感じ、真似してくれたらいいな」と考えました。

そこで、給与明細の下に、「会社のお金で星野リゾートに泊まってきてくれる人、募集。先着２名」という一文を入れてみました。普段から、「給与明細はちゃんと見てね」と言っているので、それを守ってくれている人なら、この一文に気づくだろうと思ったのです。その日のうちに、スタッフのＬとＨから連絡があり、２人が会社を代表して「星のや軽井沢」へ宿泊に行くことが決定です。

その結果はというと、「よかったぁ、感動したぁ」と、２人は頬を上気させながら帰ってきました。

宿泊中２人は、「星のや軽井沢」の従業員さんにいろいろ話を聞き、気づきカードという制度があることを知ります。日常の業務の中で気づいたことを、たとえ些細なことでもそのカードに記入し、社員間で共有するのだそうです。

そして、「星野リゾートの質の高いサービスの原点は、気づきカードではないかと思うのですが……。社長、ＣＯＣＯ－ＬＯでも気づきカードをやりませんか」と提案してくれました。

その報告を聞いた私は、嬉しくて嬉しくて。ＬとＨが星野リゾートのおもてなしの素晴らしさに気づいてくれたこと。従業員さんと積極的に交流してくれたこと。気づきカードという新しい制度を会社に取り入れようと考えてくれたこと。１泊２日の宿泊で、私の想像を超えた働きをしてくれたのです。

１週間で１００以上の気づきを実行

「どんなスタイルのカードなら、みんなが意見を書いてくれるだろうか」

ＣＯＣＯ－ＬＯ版の気づきカードをつくるときには、かなり考えました。

コピー用紙を小さく切ったなんの変哲もない紙では、女性が多い当社のスタッフには浸透しないような気がします。そういえば小学生のころ、女子はよくかわいいメモ帳で、友達と手紙のやりとりをしていました。

「そうか、デザイン性が大切なんだ」

そう思いついて外部のデザイナーに依頼し、縁取りにおしゃれな模様をデザインした名刺大のカードをつくってもらいました。名刺大にしたのは、制服のポロシャツの胸ポケットに入れておき、気づいたときに即座に取り出して書けるようにするため。カードには日付と氏名と気づきを書く欄があるだけです。これなら**文章が苦手な人でも、気軽に書ける**と思いました。

はじめのうちは、毎週必ず1枚は提出すること、という決まりをつくりました。内容は二の次で、とにかく**書く習慣**をつけてもらいたかったのです。

「利用者さんが使うテーブルが少し小さい気がします」

「玄関が汚れていました」

当初は、このように気づいたことをそのまま書くだけでOKとしました。でも、気づきの種を探しながら仕事や生活をするわけですから、その効果は大きいものがあります。気づきカードは事業所ごとの気づきノートに貼り、メンバーで共有します。

近年は少し内容をレベルアップさせました。**どんな気づきがあり、それに対し**

てどんなアクションを起こしたかまでを記入することとしたのです。

経営計画書には、「気づきカードは、業務上、改善したほうがいいと思い、実行したこと、メンバーや利用者さん、会社のために改善したほうがいいと思い、実行したこと、自分自身を見つめ直して行動したことなど、気づき、どう行動したかを記入する」と書いてあります。

「利用者さんからマッサージチェアが冷たいと言われたので、カバーを敷きました」「掃除ロボットの調子が悪かったので、内部の掃除をしました」

という具合です。気づいてそれで終わりではなく、それをもとに実践することに意味があります。気づきカードは1週間に1枚以上出すわけですから、100人のスタッフがいれば1週間に100枚以上。つまり、会社の中は放っておいてもスタッフの力で日々、改善され続けているわけです。

その後、**「ベスト気づき賞」**という制度が誕生しました。提出された気づきカードの中から、素晴らしいなと思う気づきを毎週、各メンバーが管理者に伝えます。それをもとに翌週の管理者ミーティングで話し合い、管理者2人がいい気づきだと推薦すれば、ベスト気づき賞に決定します。

ベスト気づきから、会社の制度になったものもあります。たとえば、事業所ごとに物品購入の予算を出すようになったのも、経営計画書に電話応対の項目をつくったのも、気づきカードがきっかけです。

気づきカードを提出すると、賞与ポイントが上がりますし、ベスト気づき賞に選ばれると、さらに賞与ポイントが上がります。そういった金銭的な恩恵以上に、「自分が会社に貢献している」「自分の意見が業務に反映されている」という喜びを感じるスタッフが多いようです。

それこそがまさに、私が望んでいたことです。気づきカードを導入してよかった。LとHが星野リゾートで気づきカードのヒントを持ち帰ってくれてよかったと心から思っています。

気づきカードのデザインは、「ちょっと飽きてきたなあ」「最近、気づきカードの提出率が悪いなあ」と感じたら、デザイナーに依頼して、チェンジするようにしています。新たなデザインのカードにリニューアルすると、不思議なことに、カードの提出も多くなるのです。この辺は女性の心理なのでしょうか。

改善案を記入し、提出する「気づきカード」

気づきカードの効果はもうひとつあります。それは**社内会議でスタッフから意見がたくさん出るようになった**こと。今までは、いつ指されるかびくびくして下を向いていたような人が、率先して意見を言うようになりました。

近い将来、気づきカードを発展させて、スタッフ一人ひとりが企画書を書けるようになることが目標です。これはかなりハードルが高いと思っていますが……。でも、やがて社内で新規事業を生み出すまでに成長してくれたら、こんなに嬉しいことはありません。

Section

41

「ヒヤリハットシート」で失敗から学ぶ

失敗は成功のもとです。どんなに注意をしていても失敗は起きるもの。それを隠してなかったことにするのは簡単ですが、それでは同じ失敗を繰り返す可能性があります。失敗を教訓として、二度と同じことを起こさないようにすること、また、自分だけでなく、チームメンバーのミスまでも未然に防ぐしくみに改善していくことが、大切なのです。

COCO－LOでは、入社するとすぐに、社内勉強会で**PDCA**について学びます。PはPLAN（計画）、DはDO（実行）、CはCHECK（検証）、AはACTION（改善）。これを繰り返すことで、さまざまな課題に対処していくのです。

このPDCAの考え方をもとに、2013年から導入したのがヒヤリハットシートです。ヒヤリハットとは、危険な目に遭いそうになって、ヒヤリとしたり、ハッとしたりすること。それをＡ４の用紙に記入していきます。
用紙の中は次のような項目に分かれています。

①ヒヤリハットが発生した日
②それを起こしたメンバーの所属と名前
③ヒヤリハットの内容を５Ｗ１Ｈで記載
④ヒヤリハットの原因や課題を図で表記
⑤課題に対しての目標
⑥目標に対しての具体的な行動計画

２週間後、⑥をもとにチームで第1回目の振り返りを行ないます。話し合った結果、⑥の行動計画に修正が必要な場合は、それを再度シートに記入。さらにその1週間後、第2回目の振り返りを行ない、完全に改善させていくのです。

ヒヤリハットシートは社内のクラウドにアップし、さらに事務所内に貼って、全スタッフで共有します。また、５章でお話ししたように、ヒヤリハットを書いた枚数が賞与の評価ポイントにもなるのです。

これまで、多くのヒヤリハットシートを見てきましたが、完璧に書けているものは50枚に1枚程度です。最も難しいのは、失敗の原因が何かを明らかにすることのようです。

「これはまずい」という状況に陥ったとき、人は自分をかばったり、言い訳をしてしまいがちです。すると、そのミスが起こった原因があいまいになってしまいます。

ヒヤリハットシートでは、WHEN（いつ）、WHO（誰が）、WHERE（どこで）、WHAT（何を）、HOW（どのように）、WHY（なぜ）の5W1Hを埋めることで、その原因を客観的に、明らかにしていきます。言葉だけでなく、なぜそのミスが起こったのかを図で表記してもらい、自分の中でダブルチェックするのも、ヒヤリハットシートの特徴です。検証を繰り返して自分自身を成長させるのです。

このシートはとても重要なツールなので、私が自ら、添削することもたびたびあります。それも、全社員が目にするクラウド上で書き直しを指示するのです。こうすると途中で投げ出すことはできません。本人も、チームのメンバーも納得できる目標や

ヒヤリハットシート

発生日	2018 年 10 月 15 日	提出者	所属 訪問ココロ 氏名 ●●●●

□転倒 □車両 □利用者様
□事務 □勤怠 ☑情報共有
□その他 ＿＿＿＿＿＿＿＿ について

できごと

When 月曜日の朝一
Who ●●●●さん
Where ご自宅
What 訪問したらお留守だった
How 休みのお電話をいただいていたのを忘れていた
Why 手帳へ記入したのに確認しなかった

Plan/ 目標

週はじめに1週間の予定を見る

状況図：単語で

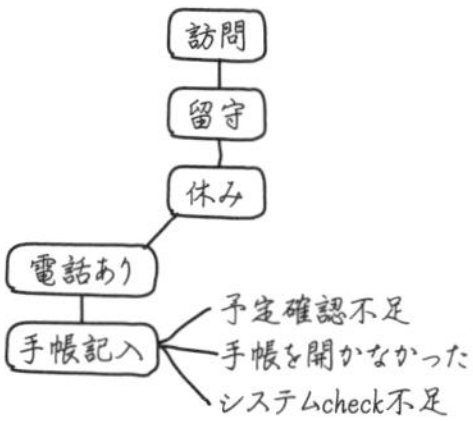

Do/ 行動計画 提出者 印 管理者 印

Check/ 検証 10 月 29 日

2週間後の振り返り

Do/ 行動計画	Check/ 検証
① 出発前に手帳を開く	① (順調)・修正
② システムと手帳の両方でcheck	② (順調)・修正
③ 手帳を助手席に置く	③ (順調)・修正
④	④ 順調・修正
⑤	⑤ 順調・修正

第1回話し合い　後日振り返り参加者に○をつける

(A田)	私も気をつける。	(D田)	1週間予定を確認しようと思います。	(G口)	次に活かしましょう。		
B野	手帳の確認は習慣にすることが大切です。	E野	私も以前あります。				
(C川)	私は週末に見ます。	(F川)	提供票もcheckです。				

Action /改善

Action /改善		
⑥ ①〜③継続	(⑥ 順調)・修正	□
⑦	⑦ 順調・修正	□
⑧	⑧ 順調・修正	□

第2回振り返り氏名	提出者	管理者	担当マネ	社長
	印	印	印	印

行動計画を導き出すまで、書き直してもらいます。

そのように、**自分で立てた目標や行動計画を、自分で守っていくことに意義がある**のです。人から言われたことではない、という点が重要だと思っています。

Section

42 秀でた部分を伸ばす「プリセプター制度」

私自身、幼いころから目の前のことしか見ない、猪突猛進型の子どもでした。好きなものを見つけたら、周りに注意を払わず一目散。そのために、数々の失敗を繰り返してきましたし、ケガも多かった。でも、両親はそんな私を否定せずにのびのびと育ててくれました。だから今の私があるのだと感謝しています。

4章でお伝えしたように、人にはみんな秀でた部分がありますし、劣った部分もあります。**劣った部分を克服する努力をするよりも、秀でた部分を伸ばすことが大切**なのだと思います。

秀でた部分を上手に伸ばすために、ＣＯＣＯ－ＬＯでは**「プリセプター制度」**を設けています。新卒は６ヵ月間、中途は３ヵ月間、少し上の先輩をプリセプターに任命し、マンツーマンでＯＪＴを行なう制度です。育児休業で長期の休みを取っていた人が復帰する際や、配置転換で異動する際にも１ヵ月間、プリセプターがつきます。

看護師の世界ではプリセプターは当たり前の制度で、新人看護師一人ひとりにそれぞれ先輩看護師がついて、一定期間マンツーマンで指導する教育方法です。それを介護の世界でも応用しようと考えたわけです。

この人は何が得意で、何が不得意なのかをプリセプターが見極め、仕事の仕方やスケジュール管理の方法を指導していきます。また、メンバー間のつながりをフォローすることも大切な役割のひとつです。

指導する人とされる人、両方が伸びる

プリセプターには少し上の先輩を任命すると言いましたが、それには理由がありま

す。後輩を指導することで、自分の仕事の復習ができることです。

たとえば、この道20年のベテランが新卒のプリセプターになった場合、完全に教える人と教わる人という師弟関係が生まれてしまいます。効率よく教わることはできるかもしれませんが、教える側にとってのメリットはあまりありません。

しかし、入社2、3年の先輩がプリセプターになれば、

「私もここでつまずいた。だから、もう一度、おさらいしておこう」

「後輩に教えるために、この言葉の意味を調べ直そう」

といった具合に、プリセプター期間中は先輩にとっても勉強期間になるのです。「教えることは学ぶこと」と言われますが、そのとおりだと思います。

教えながら、一緒に伸びてもらうために、プリセプターを務める際は、指導の仕方やその心得などを学ぶ事前研修を受けてもらうことにしています。

PDCAを重視する当社では、プリセプターの仕事に関しても、やりっぱなしではなく、振り返りを行ない、改善策を考えて実行するという流れになっています。

月末にプリセプター、指導される人、事業管理者と3人面談を行ない、「もっと伸

ばすには?」「課題を解決するには?」と検証し合い、それを実行に移していきます。

スタッフ同士のマッチングで素晴らしい化学反応が

プリセプター制度に限らず、スタッフ同士の組み合わせが大きな効果を生むので、日頃から意識してマッチングするようにしています。

先日は、社長面談のときに「これからは後輩たちに、自分の技術や知識をどんどん教えていきたい」と言っていた経験豊富な作業療法士のスタッフに、「自分の仕事の仕方が正しいかわからず、不安でいつもびくびくしている」という入社3年目のスタッフを引き合わせました。それ以来、2人はメールや電話で業務に関する相談をしあっているそうです。

スタッフ同士をうまくマッチングすることで、会社にとって素晴らしい化学反応が起こるのです。

Section

43

数字をチームづくりの味方にする

私は子どものころから、数字を書くのが好きでした。覚えるのも好きでした。携帯電話が出回っておらず、家の電話や公衆電話から電話をかけていたころは友人宅の電話番号をすべて暗記していました。ポケットベルが流行していたころは、機械の構造上、数字しか送れないため、言葉を数字で語呂合わせしてメッセージ送信していました。

数字の役割はいろいろありますが、特に何かを比較するときには便利です。中学時代、私は陸上部に所属し、800メートル走を専門にしていました。陸上部ではない人に「市内の大会で入賞したよ」と話せば、単純に「すごいね」と言われます。しかし、陸上部で800メートル走を専門にしている人に「市内の大会で入賞したよ」と言っても、「タイムは?」と聞き返されます。入賞しても、タイムが今いちだったら「ラッキーだったね」のひと言で流され、タイムがよければ「すごいね。よくやった。がんばったね」と大絶賛になります。仲間の間では、タイムという数字がわかりやすい比較ツールになるのです。

人はみな考え方が違う。だから、組織には数字という共通言語が必要

それほど数字が好きだった私ですが、起業してからは、数字をあまり使わなくなり、スタッフには「もう少しがんばろう」「もっと利用者さんを増やそう」とソフトな言い方をしていました。

「あと○人利用者さんを増やそう」「1ヵ月の事業所の稼働率の目標は○%です」などと言ったら、強制されたと思うのではないか、嫌な思いで仕事をするようになるのではないかと考え、数字で示すという決断がなかなかできなかったのです。

育ってきた環境が違ったり、学んできた教育が違えば、当然、人の考え方は異なります。COCO-LOという組織は、そうした考え方が異なる人たちの集まりであることに間違いはないので、**共通言語が必要**であることは十分にわかっていました。

共通言語とは数字です。

星野リゾートの星野社長は、徹底的に数字にこだわる方でした。同社には「リゾート運営の達人になる」という経営ビジョンがあります。それがどれくらい実現できているか、瞬時にわかるために、「売上高経常利益率」「顧客満足度」「エコロジカルポイント」という3つの具体的な数値目標を設定し、全社員で共有しています。

「星野リゾートが実践しているように、COCO‐LOでも目標を明確にする共通言語をつくろう」、2012年にそう決心しました。

Section

44 全事業所で「95％の稼働率」を目指す

「1ヵ月稼働率」95％、「顧客満足度」2・8。

これは２０１８年のＣＯＣＯ－ＬＯの目標です。１ヵ月稼働率95％というのは、介護の世界ではかなり厳しい数字です。一般的な介護施設の稼働率は70～80％。でも、当社の場合、正看護師や理学療法士、作業療法士、言語聴覚士など医療系の国家資格者が多いうえ、休暇を取るスタッフも多い。高稼働率でやっていかないと、人件費が出ないというのがひとつの理由です。

また、目指す数字は少し高いくらいでないと、やりがいがありません。

「稼働率を95％にするために、利用者さんがお休みしたくないほど充実した内容にしよう」

「風邪をひいたり、用ができてお休みになっても、次回に振り替えをしてもらえるようにしよう」

など、みんなで話し合い、実行に移しています。

当社は現在、２つの訪問看護ステーションとリハビリジム、居宅介護支援事業所、そして５つのデイサービス施設を運営しています。５つのデイサービス施設はすべて違う形態なので、正直、経営は難しいです。

「ココロデイサービス」は通常規模の半日タイプ、「ココロアットホーム」は小規模の1日タイプ、「ココロガーデン」は通常規模の1日タイプ、「ココロトレーニングデイサービス」は超小規模の半日タイプ、そして、「ココロデイサービスまえばし」は通常規模の半日タイプで、介護保険と自立支援の両方が使える共生型。

介護施設で事業所を増やすときは、同じ形態で展開していくことがほとんどです。それは、人材育成や培ってきたノウハウを発揮しやすいから。

しかし当社の5つのデイサービスがそれぞれ異なる形態で成り立っているのは、**COCO‐LO独自の人材育成法**があるからこそです。

働くスタッフ一人ひとりが意見を発し、「どうすれば喜んでいただけるか」「どうすれば利用者さんやご家族のお役に立てるのか」と、常にさまざまな意見交換を行なっています。その中から独自の雰囲気がつくられ、しくみが生まれることで、形態が異なるデイサービスを運営することができるのです。

ひとつの会社にいろいろな形態の施設があるからこそ、数字という共通言語が必要となります。

利用者さんに喜んでいただくということは、お休みしたくなくなるということ。お休みしないということは、稼働率が高くなること。では、稼働率は何パーセントを目指せばいいのか？　それを数字で示して、共通言語とするのです。

いっときは、前年度を目安にして、事業所ごとに違う目標値を立てていたこともありました。でも、全事業所で同じ数字を目指したほうがわかりやすいですし、気持ちがいいものです。みんな一律ということで、連帯感も生まれます。最近は「前月は95％いった？」がスタッフの間のあいさつ言葉になっています。

かつては、「なんとなく利用者さんが増えてきています」「ケアマネさんからいっぱい連絡がきています」、そんな報告に一喜一憂していた時代もありました。でも、**「なんとなく」や「いっぱい」は共通言語ではありません**。トップダウンからボトムアップへ組織変更した当社には、誰もが一目瞭然の、数字という共通言語が必要不可欠なのです。

Section

45

「顧客満足度2・8」とは？

次に、COCO－LOが目標とするもうひとつの数字、**「顧客満足度2・8」**についてお話しします。

当社では毎年、利用者さんに6～7の項目について3段階で評価してもらうアンケート調査を実施しています。それを集計し、すべての項目で2・8以上を獲得することを目標としているのです。

利用してくれる方の感想をお聞きして、改善できることは改善し、よくできていることは各事業所で共有します。これが、スタッフのやりがいになります。私の言葉で改善点を注意すると反発になるかもしれませんが、お客様である利用者さんの声で指摘していただくと、がんばろう、喜んでいただけるようにしよう、と思えます。

アンケート項目は毎年、少しずつ変わりますが、

□スタッフは気持ちよいあいさつをしていますか
□スタッフとのおしゃべりはできていますか
□スタッフから専門的なアドバイスをもらっていますか

といった具合です。各項目、事業所ごとに集計値を出すので、お互いに比較し合えて、いい意味での競い合いができます。

アンケート結果はシビアです。あるとき書類が増えて、利用者さんとおしゃべりする時間が少なくなった事業所がありました。すると、顧客満足度の数字がてき面に低下したのです。それを見て、「利用者さんへの配慮が足りなかったなあ」とチームで反省し、「では、今後どうしようか」と改善策の話し合いをします。

COCO－LOのスタッフは事前に、PDCA（PLAN＝計画・DO＝実行・CHECK＝点検・評価・ACT＝改善・処置）を繰り返すことの重要性を学習しています。そこでまず、アンケート結果をもとに、チームで課題を明確にします。そのうえで目標を立て、行動計画をつくります。計画を実行した後の振り返りも欠かせません。やりっぱなしでは次につながりませんし、**振り返りは何度してもいい**と思っています。

話し合いの場で数字をしっかり示すと、スタッフ一人ひとりの意見や感想が、より現実味を帯びて、お互いに納得できるものになっていきます。同じ数字を見て意見を出し合うので、考えを伝えやすいのです。

２０１７年度の顧客満足度は平均２・９１と、目標値を大きく上回りました。それはとても嬉しいことなのですが、項目によっては２・８の目標が未達成の事業所もありました。すべての事業所がすべての項目で、目標達成できる日を待ち遠しく思います。

多くの人は、「上から言われたからやる」という仕事の仕方を嫌います。でも、「クライアントさんに満足してもらうためにやる」のなら、力を存分に発揮できます。「人に喜んでもらいたい」と介護の道を選んだ当社のスタッフは、特にその傾向が強いようです。

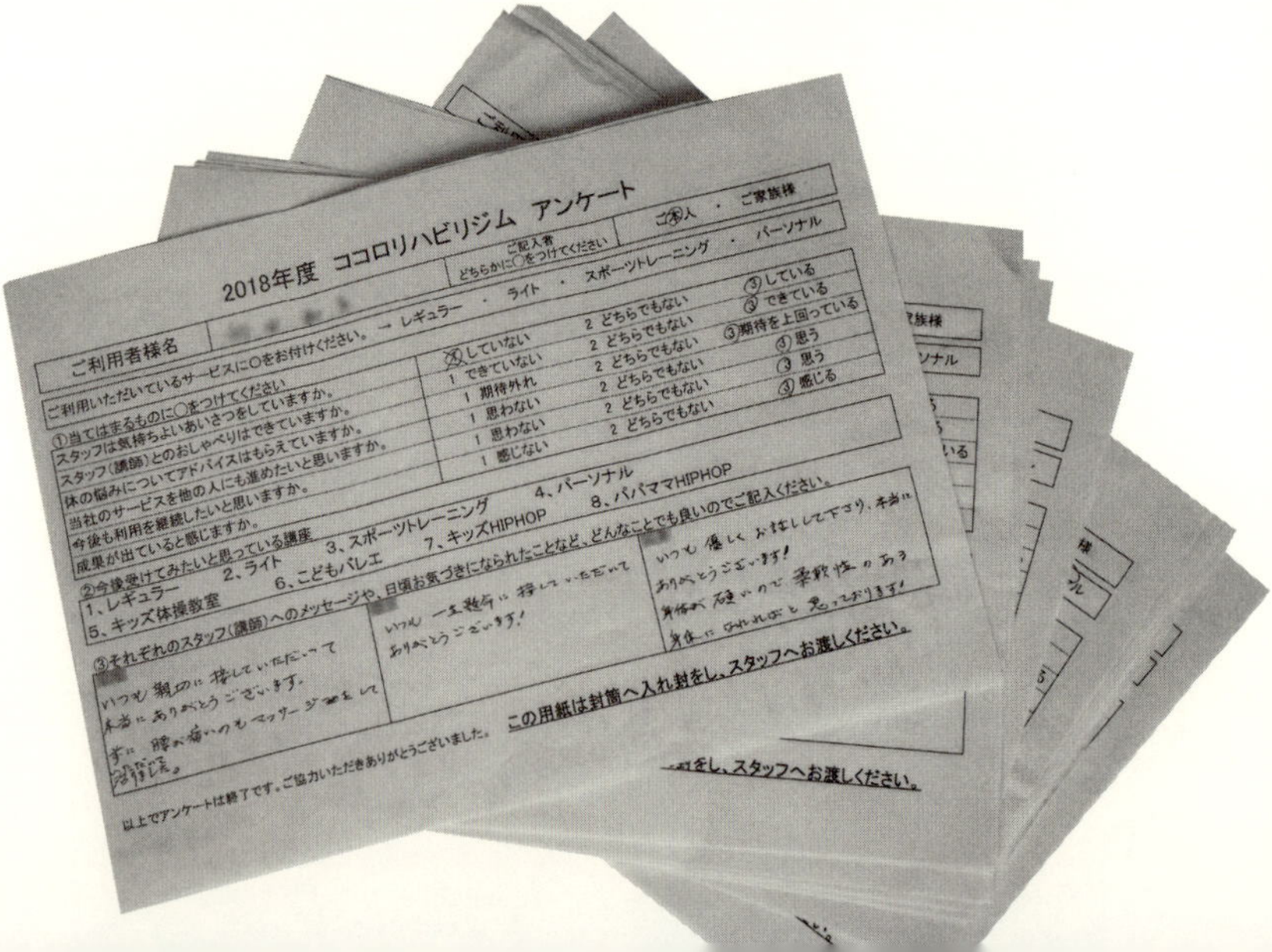

PDCAサイクルの回し方

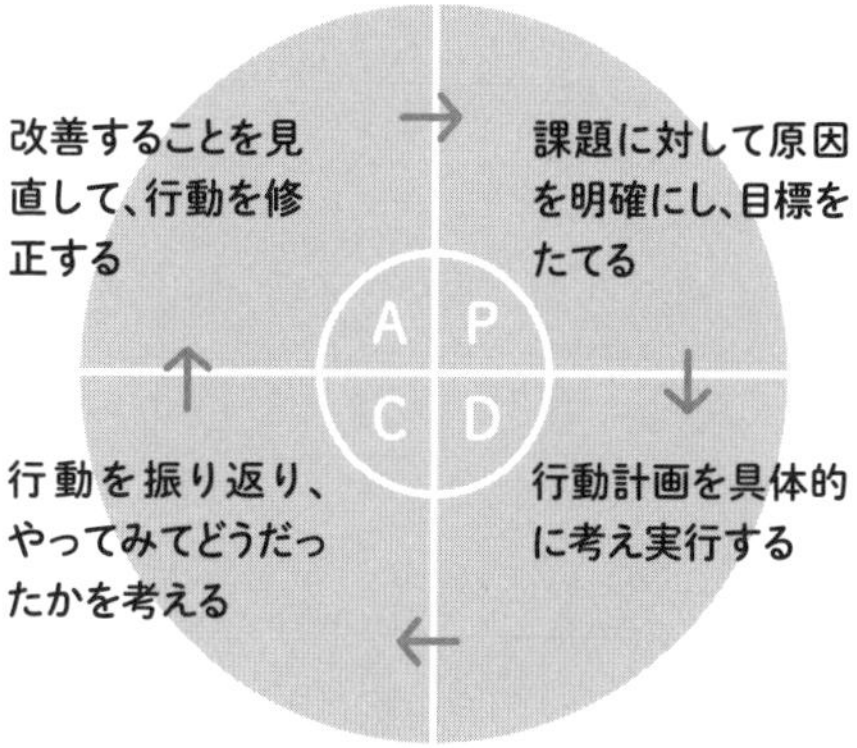
改善することを見直して、行動を修正する
課題に対して原因を明確にし、目標をたてる
A
P
C
D
行動を振り返り、やってみてどうだったかを考える
行動計画を具体的に考え実行する

例

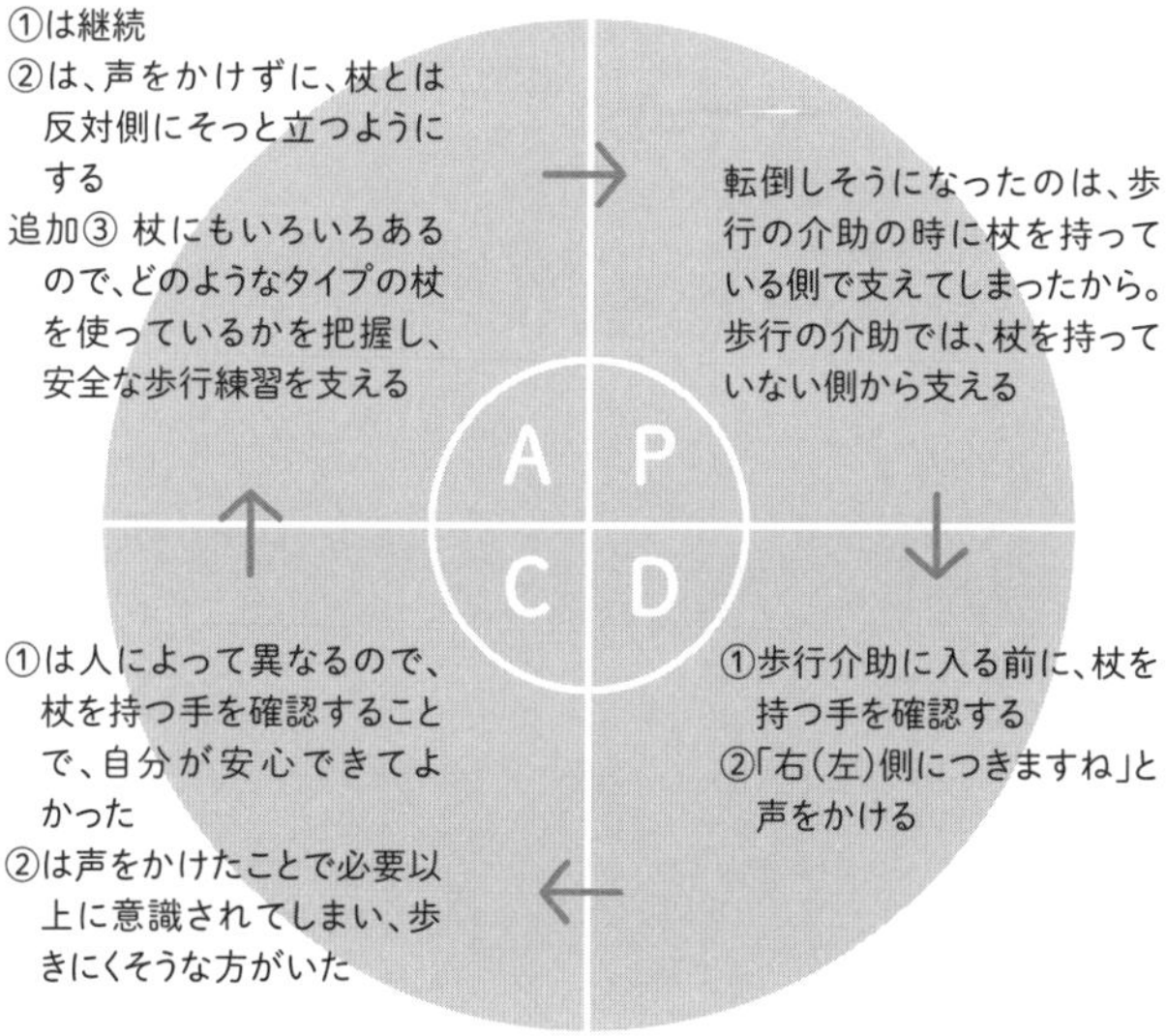
①は継続
②は、声をかけずに、杖とは反対側にそっと立つようにする
追加③ 杖にもいろいろあるので、どのようなタイプの杖を使っているかを把握し、安全な歩行練習を支える
転倒しそうになったのは、歩行の介助の時に杖を持っている側で支えてしまったから。歩行の介助では、杖を持っていない側から支える
A
P
C
D
①は人によって異なるので、杖を持つ手を確認することで、自分が安心できてよかった
②は声をかけたことで必要以上に意識されてしまい、歩きにくそうな方がいた
①歩行介助に入る前に、杖を持つ手を確認する
②「右(左)側につきますね」と声をかける

Chapter

7

会社の“ヒヤリハット”にどう対応する?

女性が多い職場ならではの悩みもあります。
COCO-LOで起こった事件の数々……。
経営者として、それにどう対処し、どう解決したか、
お話ししましょう。

ヒヤリ 1

気に入らないとすぐに「辞める」と言う人に困っています。

2日連続で社長面談を実施。話を聞き、気持ちのフォローを行ないました。

創業から数年後に入社してきた看護師Uは、仕事はできるのですが、自我が強く、他人の意見に耳を貸しません。他のスタッフに対する態度もぞんざいで、気に入らないことがあるとすぐに「辞める」と言い出す始末。当時は人材不足だったため、大切な看護師に辞められては困ります。その1人のために、周りのスタッフは毎日振り回され、心底、疲れ切っていました。

こう対処しました

創業から数年は慢性的に看護師不足に悩まされていたため、Uが辞めるのを一番恐れていたのは、他でもない、経営者である私自身でした。だから、他のスタッフが消耗する姿を見ても、彼女に面と向かって注意ができなかったのです。

でも、このままではUは残っても他のスタッフが辞めてしまいます。

「Uと向き合わなければいけない」

という思いで、マンツーマンの社長面談を実施することにしました。Uだけを対象にすると不審がられるので、全スタッフの話を順番に聴くことに。

面談で周りのスタッフが困っているという事実をUに伝えると、本人は自分の言動が他のスタッフを困らせているとは思っていなかったようで、びっくりしていました。そのような態度をとってしまうのは、仕事において何か不満があるのかと尋ねました。すると、家庭での役割の多さや、仕事と家庭の両立がうまくいっていないことなど、さまざまな話がありました。時間をかけ、じっくりと話を聞き、そのうえで、

「利用者さんには優しく接しているのだから、スタッフにも同じように接しましょう。態度を改善していきましょう」

と、言葉を選びながら注意をしました。

少し落ち込んでいるように見えたので、翌日の午前中、再びUと面談の機会を持ちました。スケジュールの立て方、家族の協力の話、他のスタッフの家庭ではどうして

いるか聞いてみてはどうか、といった提案をすると、「そうですね、みんなにも聞いてみます」と言ってくれました。それ以来、他のスタッフとの会話が増え、だいぶ態度が改善されていきました。

Uの件がきっかけとなり、一対一で向かい合うことの大切さを学びました。辞められたらどうしよう、と逃げるのではなく、理解したいという思いを伝える努力が足らなかったのだと、いい反省になりました。スタッフの「辞める」という言葉におびえないためにも、より一層、会社の制度を整えていこうと心を新たにしたものです。

ヒヤリ 2

派閥ができて会社の雰囲気が悪くなりました。

↓

不平・不満をひとつずつ明らかにして回答。諦めずに本気で向き合いました。

スタッフの人数が40人を超えた２０１１年ごろから、会社の雰囲気が悪くなりました。創業時の温かな空気はなくなり、派閥が生まれ、あちこちでヒソヒソ話が飛び交うようになったのです。

「人手が足りなくて忙しい」

「優遇されている人とそうでない人がいて不公平だ」

「仕事が溜まっているのに、残業禁止なんておかしい」

など、渦を巻く不満。社内はマイナスオーラに包まれ、仕事にも支障が出かねない状況でした。

こう対処しました

派閥は、不満や愚痴が糸口となって生まれます。そのため、スタッフの不平・不満を一度、洗いざらい明らかにしなければ、と思いました。事業管理者を通じて不平・不満をすべて箇条書きにしてもらい、一つひとつに対し、私が回答を出していく作業を行ないました。

「不平・不満はあって当たり前」と諦めず、真正面から向き合おうと思ったのです。

特に多かったのが、「人手が足りなくて忙しい」という不満でした。仕事量を考えると、人手は足りているはずなのです。それでも忙しいということは、効率の悪い動きがあるのかもしれないと考えました。

そこでまず、1週間分のスケジュール予定＆実施表を作成し、全スタッフに配布して記入してもらいました。その表をすべてチェックし、

「これはムダ」

「この動きはおかしい」

「○○さんは同じ作業を○分でやっている」

など、細かく赤ペンを入れて本人に返しました。私の赤入れに納得できないスタッフには、何度も同じ作業を繰り返し、わかるまで説明を続けました。

「忙しい」のは人手不足だけが原因ではありません。一人ひとりのスケジュール管理が不十分なことが多いのです。時間管理の方法を一つひとつ丁寧に伝えていく努力をしました。

また、「不満を無責任に口に出してはいけない」という話も、真剣にスタッフに伝

えました。

何に引っかかっているのかを自分でわかっていない人もいるので、それを漠然とした不満ではなく、何がどのように困っていて、どうしたいのか、どうすれば改善できるのかをシンプルに明確にし、前向きな改善につなげていきました。

愚痴の多い人の対応に困っていたとき、入社前の面接が大切だと先輩経営者から教えてもらいましたが、なかなか難しいものです。

対策としては、その人が居づらくなるような環境にするしかありません。冒頭でもお話ししましたが、派閥の糸口になるのは不満や愚痴。つまり、その人が言う愚痴に、他のスタッフが同調しないような環境をつくるしかありません。

派閥づくりが好きな人を観察していたら、「こうやって派閥をつくるのか」と、その過程がよくわかりました。同僚と業務の話をしながら、そこにさりげなく自分の愚痴を入れるのです。

たとえば、クライアントさんにお茶を入れるとき、同僚の女性に「このお茶は温かいほうがおいしいので、温かいお湯で入れてくださいね」と言いつつ、「こんなお茶のことまで上から細かく指導を受けちゃって、私、本当につらいんですよ」と嘆いてみせる。

そのとき、「温かいほうがいいのですね。わかりました」と言う女性とは、それで終わり。

「そんな細かいことまで言われるんですか？　大変ですねえ」と同調してくる女性には、「そうなんですよ。他にもこんなことが、あんなことが……」としゃべりはじめて、自分の派閥の一員にしていく。とても巧みな根回しをするのです。ある意味、感心してしまうほどです。

その辺の動きをよく観察し、派閥をつくる前に止めるのです。

たとえば、みんなの前で、

「最近、仕事の愚痴を言って派閥をつくろうとしている人がいるようですが、みなさんは派閥をつくるのが好きですか？」

と、先に手を打って聞いてしまう。すると、ほとんどの人が「派閥は嫌です」と言います。それを確認したうえで、

「では、もしも誰かが愚痴を言ってきたら、『今忙しいので』とか言って、話を聞くのをやめましょうね」

と念押しして、派閥をつくれないように仕向けるのです。

気持ちよく、楽しい毎日を過ごしたいのは誰でも同じ。経営者として、一人ひとりにその思いを伝える努力をしていきました。

それからCOCO－LOには、同じ思いを抱えた人が入社してきてくれるようになりました。

ヒヤリ 3

就業時間中のおしゃべりが止まりません。

顔を見合わせないよう机の配置を変え、役割分担を決めました。

社内に平穏が戻ったのも束の間、次に悩まされたのは、スタッフ同士のおしゃべりでした。就業時間中なのに子どものこと、夫のこと、遊びに行った話など、次から次へと止まりません。仲がいいのはいいことですが、これでは仕事の能率が下がってしまいます。

こう対処しました

ケンカをしたり、コミュニケーションが不足しているよりは、仲がいいほうがいいに決まっています。ですから、せっかくよくなった社内の雰囲気を壊したくなくて、「おしゃべりはやめて」「うるさいよ」などと注意はしませんでした。その代わりに、「部屋の模様替えをしよう」

と提案しました。これまでは机を向き合わせて配置していたのですが、全員の机を壁に向かって並べ直しました。顔を見合わせなければ、おしゃべりはできません。

それと同時に、役割分担をしっかりと決めました。以前は、みんながなんとなく同じ仕事に関わっていたのを、「あなたは人事」「あなたは経理」という具合に。役割が決まると、自分がしない限り、仕事が終わりません。自然におしゃべりも減りました。また、仕事がスピーディーにはかどり、ミスが減ったのは嬉しい限りです。

ミーティングのときも、余計な話が多く、ダラダラ長引きがちだったので、デッド時間をしっかり決めるようにしました。当社の場合、会議は1時間以内に終わらせるのが決まり。はじまる前に「○時○分で終了にします」と宣言し、緊張感を持たせています。終わらないこともありますが、今しゃべった分、その後は集中しよう、とするようにしています。

ヒヤリ 4

意見を求めても発言しない人がいます。

紙に書いてもらったり、ミーティングの進め方を工夫したりしました。

かつては、ミーティングや勉強会の場で、積極的に発言するのはごく一部のスタッフだけでした。

「この課題についてみなさんの意見を聞かせてください」と投げかけても、シーンと静まり返ることがたびたび。まったく手ごたえがありません。私としては、準備万端でプレゼンし、スタッフの意見を聞こうと思っていたのに、意気消沈をとおり越して、イライラしてしまいます。そのイライラがみんなに伝わり、萎縮させ、さらに意見が出なくなってしまうという悪循環が続いていました。スタッフから前向きな意見を引き出すにはどうしたらいいものかと、深刻に悩んだものです。

こう対処しました

あるスタッフから、「大勢の人がいる場で意見を言うのは勇気が要るけれど、少人数なら発言できます」という意見を聞き、社内に5〜6人のグループをつくりました。そして大きな紙といろいろな色のペンを用意し、ひとつの課題に対し、グループ内で自由に意見を書いてもらうという試みを行ないました。当初は紙に書いて、それで終わりだったのですが、そのうち、グループの中でまとめ役を決めて、発表してもらうようにしました。

また、社長勉強会の後は必ず、感想文を書くことも決まりにしました。話を聞いたら感想を書く、という習慣を身につけてほしかったのです。

ほかに、マインドマップや企画書づくりなど、意見をカタチにするための勉強会もひんぱんに開き、徐々にスタッフの発言力を上げていきました。

その一方で、ミーティングの進め方も見直しました。COCO－LOでは、まずはじめにルールの説明をします。

「この場で意見交換をして、○○についての答えを出します。ここで決まったことは必ず実行します。会議の後で文句を言うのはルール違反です」という具合です。

そんなことは社会人なら誰もが知っていると思いがちですが、案外知らない人もいるのです。

続いて、「今日はこういう流れで話を進めていきます」と説明し、端から順番に発言をしてもらいます。

ここで重要なのは、進行役が一つひとつの意見に対し、「それいいね」「おもしろいね」「ユニークな発想だね」と、受け入れること。頭ごなしに否定するのは絶対にNGです。その後、誰も意見を言わなくなってしまいます。

ひととおり話を聞いたら、「追加することはありますか」「今、出てきた意見をまとめてみますね」という感じで進めていきます。最後に、「これで決まりますが、他に意見がある人はいませんか」と念押しすることも大事です。

進行役が担う役割はとても大きいため、重要なミーティングの場合は、できるだけ私自身が務めるようにしています。社長の言葉をしっかり伝えるいいチャンスにもなりますから。

ヒヤリ 5

スタッフに言いたいことが言えず、注意もできません。

↓

私自身が自分と向き合い、自分を変えることからはじめました。

いっとき、スタッフとの距離の取り方がわからない時期がありました。気になることがあっても、怖くて注意ができないのです。

たとえば、スタッフを見ていると、利用者さんへのあいさつはきちんとするのに、社内でのあいさつはぞんざいという人がいました。「おはようございます」「お疲れ様でした」という朝夕のあいさつをしない、他人から何かやってもらっても、「ありがとう」を言わない人もいました。

社長が直接注意するのは角が立つと自分に言い訳し、代わりに事業管理者に注意してもらっていたのですが、なかなか改善しません。外部のマナー講師を招いて、あいさつに関する勉強会を開いたこともあります。しかし、いっときはよくなるものの、長くは続きませんでした。

こう対処しました

そんなある日、「自分はきちんとスタッフにあいさつをしているだろうか？」と考えたのです。おはよう、お疲れ様と口には出していますが、きちんと相手の目を見て、心を込めて言ってはいませんでした。これではダメです。「スタッフのことを注意する前に、自分から取り組もう、スタッフのお手本になろう」、そう決めました。翌日から、あいさつをするときは、作業する手を止めてきちんと目線を合わせる。そしてあいさつの言葉の後にひと言添える、という2つのことを実行しはじめました。すると、スタッフもそれに応えてくれるようになったのです。そして年に1度、全スタッフが集まるキャリアアップ研修の場で、社長の言葉として、あいさつの大切さを伝えました。

その後は、何か問題が起こったら、まずは私自身が自分と向き合い、自分を変えることからスタートさせました。自分が変わらなければ、相手は決して変わってくれません。そして、本当に大切なことを伝えるには、やはり社長自らの言葉が不可欠なのだと痛感しています。誰かに代わりに伝えてもらおうというのは逃げです。それではスタッフはついてきてくれないのだと猛反省しました。

順調に成長してきたかのようなCOCO－LOですが、実際には、どの企業でも耳にするような課題にも直面しています。そうした課題一つひとつと向き合い、しくみにすることで、解決してきたのです。

おわりに

本作はたくさんの方のおかげで出版することができました。

担当編集の竹並治子さんには、執筆のお声がけをいただいてから2年もの間、変更の多い原稿を形にするまで根気よく支えていただきました。

阿部奈穂子さんには、本書の制作において多大なるご協力をいただきました。本作は彼女の力なくしては完成しませんでした。

株式会社ジンズの田中仁社長には、大変感謝しています。群馬イノベーションアワードを通して、著名な経営者のご講演や数々の先進的な取り組みに触れることで、たくさんの刺激をいただきました。同郷の方が奮闘される姿は、打たれ弱い自分を奮い立たせる源になっています。お忙しい中、身に余るご推薦の言葉をくださいました。

COCO-LOを選び、ご利用いただいている利用者さんやご家族の皆さまからは、スタッフの生活環境をご理解のうえ、叱咤激励していただいています。そのおかげで、日々学び、成長することができています。

ＣＯＣＯ－ＬＯスタッフ皆さんが、日々、利用者さんのために愛情をもって奮闘し、自分の生活を楽しもうとしてくれているおかげで、このような企業を作ることができました。

そして本書を最後までお読みいただいた読者の皆様、おつき合いいただき、ありがとうございます。

本書を形にするにあたり、社内のことをここまでさらけ出してよいものか、悩みに悩みましたが、形にしていくことで、自分自身で整理することができました。このような機会をいただけたことに感謝するとともに、本書が皆さんのお役にたてることを心より願っています。

有限会社ＣＯＣＯ－ＬＯ代表取締役　雅樂川陽子

著者略歴

雅樂川 陽子（うたがわ ようこ）

有限会社 COCO-LO 代表取締役、作業療法士

群馬県桐生市生まれ。病院や訪問看護での勤務を経て、29 歳のとき、人脈も資金もない状況で有限会社 COCO-LO を創業。友人と訪問看護ステーションを立ち上げるが、訪問の依頼はあっても働く人がいないという、超人材不足に直面。仕事と育児、介護を両立できるしくみを独自に作り、求人が少しずつ増えてくる。そのしくみが認められ、多くの表彰を受ける。背伸びをしない自分らしい経営で、暮らしながら働くことを大切にした日々を送っている。
著書に『ココロソダテ』(パリッシュ)がある。

有限会社 COCO-LO　http://coco-lo.net/
働くしくみづくり・講演依頼　shikumi@coco-lo.net

働きやすさを本気で考えたら、会社の売上が 5 倍になりました。
——女性 9 割・子育てスタッフ 6 割で実現する働き方改革

2019 年 6 月 14 日　初版発行

著　者——雅樂川 陽子

発行者——中島治久

発行所——同文舘出版株式会社

東京都千代田区神田神保町 1-41　〒 101-0051
電話　営業 03 (3294) 1801　編集 03 (3294) 1802
振替 00100-8-42935
http://www.dobunkan.co.jp/

ISBN978-4-495-54039-5

印刷／製本：萩原印刷
Printed in Japan 2019